PETRA WÜNSCHE

easy JERSEY
MITWACHS HOSEN

ALLE MODELLE IN DEN GRÖSSEN 50–104

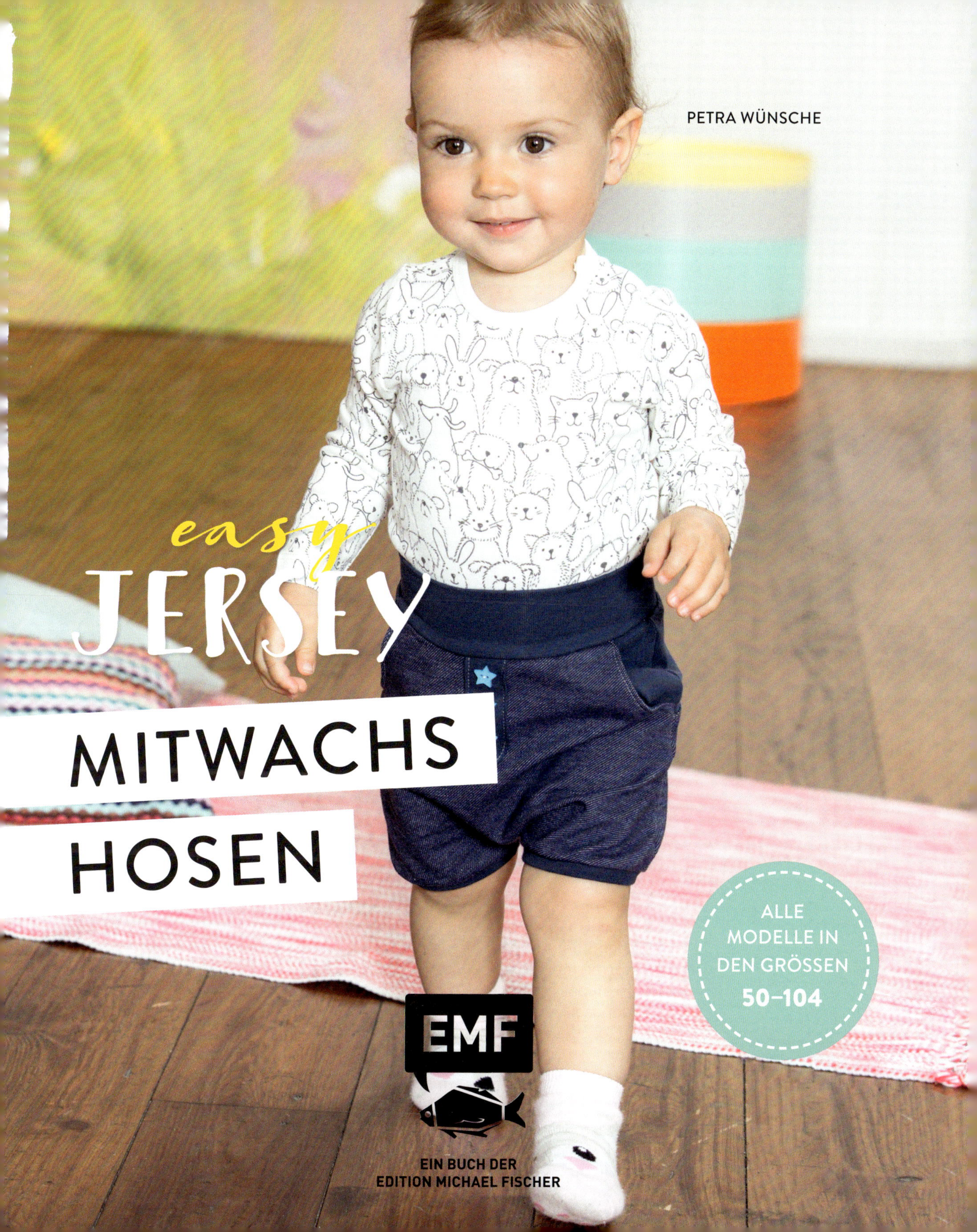

EMF
EIN BUCH DER
EDITION MICHAEL FISCHER

INHALT

VORWORT

Wie viele von euch fing auch ich mit dem Nähen an, als meine Tochter geboren wurde. Zuerst nähte ich nur Deko fürs Kinderzimmer und später auch hin und wieder Babykleidung. Aber die kleinen Zuckerschnuten wachsen oft schneller, als man ein Projekt nähen kann. Das kennst du, oder?

Deshalb möchte ich dir in diesem Buch einfach zu nähende Mitwachshosen aus bequemen Jerseystoffen an die Hand geben: Hosen, die auch dann gut aussehen, wenn sie noch etwas zu groß sind, und solche, die man später durch einfache Schnittanpassungen verlängern kann.

Die beiden einfachen Grundmodelle auf Seite 11 und 15 sind während eines Mittagsschlafs der lieben Kleinen schnell genäht. Mit Teilungen, Taschen und alternativen Schnittteilen können geübtere Näherinnen jede Hose immer wieder neu inszenieren. Inspirationen und Tipps findest du bei allen 13 Modellen aus diesem Buch.

Durch die bebilderten Schritt-für-Schritt-Anleitungen sind alle Hosen leicht nachzuarbeiten – und werden in deiner individuellen Stoffwahl ein ganz besonderes Unikat.

Ich danke ganz herzlich meiner Familie und meinen Nähfreundinnen für die mentale und praktische Unterstützung dieses Projekts. Vielen Dank auch an den EMF-Verlag, der dieses Buch erst möglich gemacht hat, sowie an meine Sponsoren stoffbüro und Stoff&Stil für die wunderschönen Stoffe und Materialien in diesem Buch.

Und jetzt wünsche ich dir viel Spaß beim Stoffeauswählen und Nähen!

Deine

Petra

ÜBER DIE AUTORIN

Die Grafikdesignerin Petra Wünsche gestaltet unter anderem Stoffdesigns und bietet unter ihrem Label „pedilu" Schnittmuster, Plotter- und Applikationsvorlagen an. Neben vielen anderen Handarbeiten ist Nähen ihr größtes Hobby geworden. Sie schreibt seit ihren autodidaktischen Nähanfängen einen Nähblog, auf dem sie ihre DIY-Projekte zeigt und immer wieder Tutorials anbietet: www.pedilu.com

KLEINE JERSEY-STOFFKUNDE

Single-Jersey (oder **Jersey**) ist ein einlagig gestrickter Stoff. Auf der Vorderseite hat er rechte Maschen, auf der Rückseite linke Maschen. Doppelt gestrickter **Double-Jersey** oder **Interlock-Jersey** ist etwas fester und rollt sich an den Kanten nicht ein, da er auch auf der Rückseite rechte Maschen hat.

Jacquard-Jersey ist ein mindestens zweilagig verbundener Stoff, in den Muster eingestrickt werden können. Die Rückseite ist dadurch ebenfalls rechts gestrickt und liegt somit schön glatt. Er ist etwas dicker als Single-Jersey und rollt sich an den Kanten nicht ein.

Bei **Nicki-Jersey** (oder **Nicki**) wird ein Extrafaden eingearbeitet. Die kleinen Schlingen, die sich auf der Vorderseite bilden, werden zerschnitten, wodurch eine samtartige Oberfläche entsteht. Bei **Frottee-Jersey** werden diese Schlingen übrigens nicht zerschnitten.

Bei **Sweatshirtware** (oder **Sommer- oder Wintersweat**) wird auf der Rückseite ein zusätzlicher Faden mitgeführt. Dieser wird bei Wintersweat kuschelig angeraut. Sommersweat behält seine Schlingenoptik und wird auch **French Terry** genannt.

Strickstoff (oder **Fein-** oder **Grobstrick**) sieht durch dickeres Garn und größere Maschengröße handgestrickt aus. Beim Zuschnitt sollte der Stoff schön glatt liegen, so verzieht er sich nicht. Fein- und Grobstrick sollten versäubert werden, damit sich die Kanten nicht aufribbeln.

Bündchenware (oder **Rippen-** oder **Rib-Jersey**) ist ein einlagig gestrickter Stoff, bei dem sich rechte und linke Maschen abwechseln. Dadurch wird der Stoff besonders elastisch. Richtig formstabil ist allerdings nur Bündchenware mit Elasthananteil. Dieser sorgt dafür, dass der Stoff nicht ausleiert.

WAS BRAUCHE ICH?

Für die Projekte in diesem Buch benötigst du neben der Grundausstattung wie **Stoff, Scheren, Stecknadeln** und Co. auch spezielle **Jersey-** oder **Stretchnadeln.**

Für alle Projekte mit Gummizugtunnel solltest du nicht nur passendes **Gummiband**, sondern auch eine große **Sicherheitsnadel** griffbereit haben. Bei der Verwendung von **Jersey-Druckknöpfen** brauchst du dazugehöriges **Werkzeug** und eine passende bi-elastische **Einlage** (z. B. Vlieseline G 785) zum Verstärken.

Gib deinen Projekten den letzten Schliff, indem du sie mit hübschen **Zierknöpfen, Bändern** und **Patches** verzierst. Kniepatches und Applikationen kannst du mit beidseitig aufbügelbarem **Haftvlies** (z. B. Vliesofix) aufbügeln.

Bei jedem Projekt steht immer genau dabei, was du brauchst.

TIPP Achte bei Kinderkleidung wegen der Hautfreundlichkeit auf einen hohen Baumwollanteil. Noch bequemer werden Projekte aus Jerseystoffen, die einen Elasthananteil (mind. 5 %) enthalten. So leiern die Hosen an Bündchen und Knie nicht aus.

WIE FANGE ICH AN?

WASCHEN

Bitte verarbeite nur vorgewaschene Stoffe, da sie beim Waschen einlaufen können. Wenn du sie anschließend bügelst, liegen sie schön glatt für den Zuschnitt bereit.

SCHNITTMUSTER KOPIEREN

Damit du den Schnittbogen mehrfach wiederverwenden kannst, pause die Schnittteile in der richtigen Größe auf transparentes Schnittmusterpapier oder Butterbrotpapier ab. Zeichne alle relevanten Schnittlinien und Markierungen ein und lasse alles nicht Benötigte weg. Beschrifte anschließend die einzelnen Schnittteile.

Wenn ein Schnittteil laut Anleitung geteilt wird, musst du es an der jeweiligen Teilungslinie auseinanderschneiden. Vergiss beim späteren Zuschneiden nicht, auch an den neu entstandenen Kanten eine Nahtzugabe hinzuzufügen.

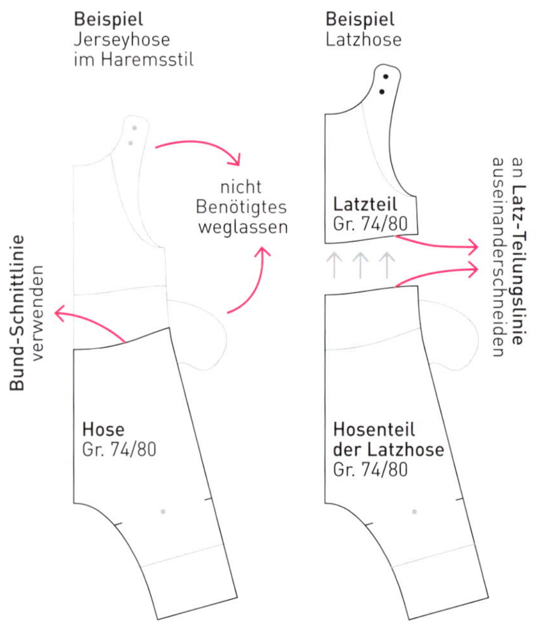

NAHT- UND SAUMZUGABEN HINZUFÜGEN

Nahtzugaben sind an allen Kanten nötig, die später mit anderen Schnittteilen vernäht werden. Außer an Säumen und an der Bruchkante wird überall eine Nahtzugabe benötigt. Ich empfehle dir eine Nahtzugabe von 0,7 bis 1 cm.

Gib an allen Säumen statt der Nahtzugabe eine Zugabe für den Saum hinzu. Bei einem Gummizugsaum muss die Zugabe groß genug für das Gummiband sein (Bandbreite plus mind. 0,5 cm). Die Saumzugabe sollte 2 bis 3 cm betragen.

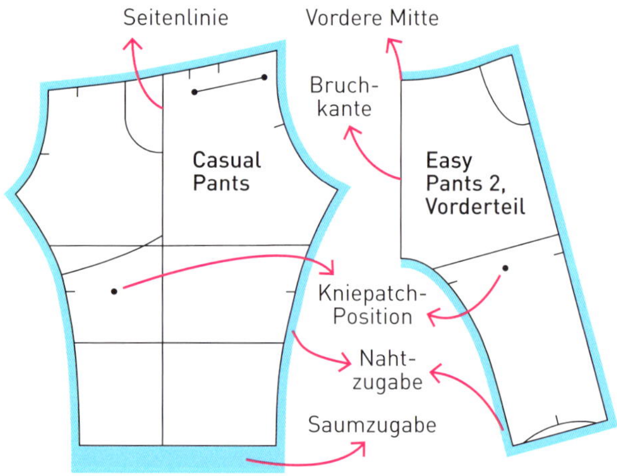

ZUSCHNEIDEN

Stecke dein vorbereitetes Papierschnittteil im geraden Fadenlauf auf die linke Seite des Stoffes. Achte dabei darauf, ob das Schnittteil im Bruch aufgelegt werden soll. Übertrage alle Markierungen und Zugaben auch auf den Stoff. Markiere zusätzlich die vordere und hintere Mitte der „Easy Pants" wie auch die Seitenlinie der „Casual Pants".

Bitte lies dir jede Anleitung zuerst komplett durch, bevor du den Stoff zuschneidest!

WIE NÄHE ICH MIT JERSEY?

Alle Hosen aus diesem Buch können mit der normalen Nähmaschine genäht werden. Verwende für alle Versäuberungsstiche einen schmal eingestellten Zickzackstich bei normaler Stichlänge oder einen Overlockstich. Du kannst für die Versäuberungsstiche auch eine Overlockmaschine benutzen.

Säumen und absteppen kannst du ebenfalls mit einem elastischen Stich deiner Nähmaschine oder mit der Zwillingsnadel. Falls du eine Coverlockmaschine besitzt, kannst du diese dafür verwenden.

Benutze spezielle Jersey- oder Stretchnadeln und verriegle Anfang und Ende einer Naht, um zu verhindern, dass diese sich wieder auftrennt.

GEEIGNETE STICHARTEN

Der **Zickzackstich** (wie auch der Stretchstich/Elastikstich) bleibt elastisch und eignet sich für das Zusammennähen der einzelnen Teile. Je höher die Stichdichte ist, desto dehnbarer ist später die Naht. Mit diesem Stich kannst du auch deine Saumkanten versäubern, damit sie schön glatt liegen.

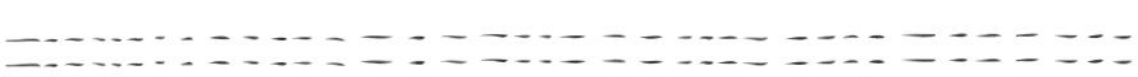

Beim **3-fachen Geradstich** näht die Nähmaschine einen längeren Stich vorwärts und einen kürzeren rückwärts. Dadurch ist der Stich leicht dehnbar und extrem reißfest. Bedenke, dass dieser Stich sehr schwer aufzutrennen ist.

Der **3-geteilte Zickzackstich** ist sehr dehnbar und eignet sich gut zum Absteppen von Nähten oder zum Säumen. Du kannst mit diesem Stich auch die einzelnen Teile zusammennähen.

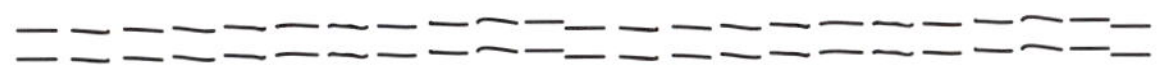

Die **Zwillingsnadel-Naht** ist eine elastische Naht, die aus zwei gerade laufenden Oberfäden und einem Unterfaden, der im Zickzack verläuft, gebildet wird. Diese Nähte eignen sich gut zum Säumen. Lies bitte in der Bedienungsanleitung deiner Nähmaschine nach, wie das genau funktioniert.

Der **Geradstich** wird bei dehnbaren Stoffen meist nur zum Absteppen von Taschen oder Applikationen angewendet. Du kannst ihn immer dann verwenden, wenn an dieser Stelle keine Elastizität benötigt wird.

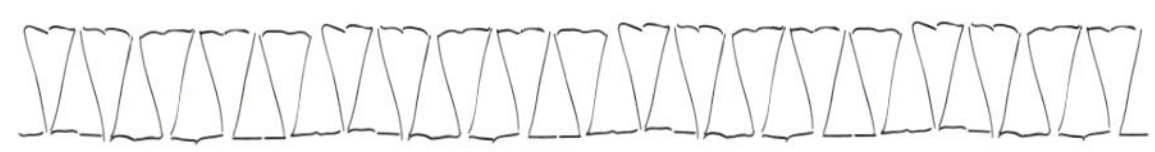

Overlockstiche nähen und versäubern in einem Schritt und bleiben sehr dehnbar. Einen solchen Stich kannst du zum Zusammennähen oder als Zierstich verwenden.

Dehnbare Zierstiche wie der Hexenstich oder der Wabenstich eignen sich z. B. gut zum Säumen.

TIPP **Achte darauf, dass die Maschine den Stoff führt und du den Stoff beim Nähen nicht dehnst, damit keine Wellen entstehen.**

WELCHE GRÖSSE WÄHLE ICH?

GRÖSSENAUSWAHL

Gerade bei kleinen Kindern ist es oft schwer, richtig Maß zu nehmen. Daher ist es am besten, nach der Körpergröße des Kindes oder der sonst verwendeten Kaufgröße zu gehen.

Da im Wachstum die Proportionen des Körpers stark variieren, empfehle ich, eine gut sitzende Hose aus ähnlichem Material längs gefaltet auf den Schnittbogen zu legen. Überprüfe, ob die Weite der aufgelegten Hose der gewählten Größe entspricht, und wähle im Zweifel eine Nummer größer. Die Länge der Hose lässt sich anschließend ganz einfach anpassen.

SCHNITTANPASSUNG IN DER LÄNGE

Verlängern der Hose:

Zum Verlängern einer langen Hose musst du am Saum pro Doppelgröße 6 cm hinzugeben, ohne die Weite des Hosenbeins zu verändern.

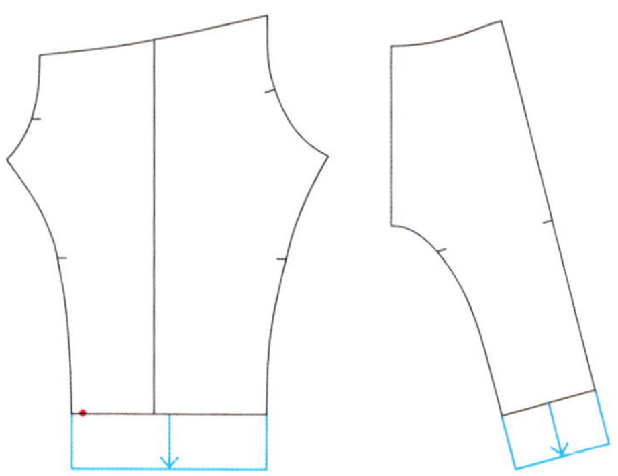

Kürzen der Hose:

Wenn du eine lange Hose um eine Doppelgröße kürzen möchtest, zeichne einfach 6 cm oberhalb des Saums eine Linie ein und gleiche die Weite des Hosenbeins mit einer sanften Kurve an die ursprüngliche Saumweite an.

Wenn du die Saumweite nicht veränderst, kannst du die Schnittteile für die Beinbündchen übrigens unverändert weiterverwenden.

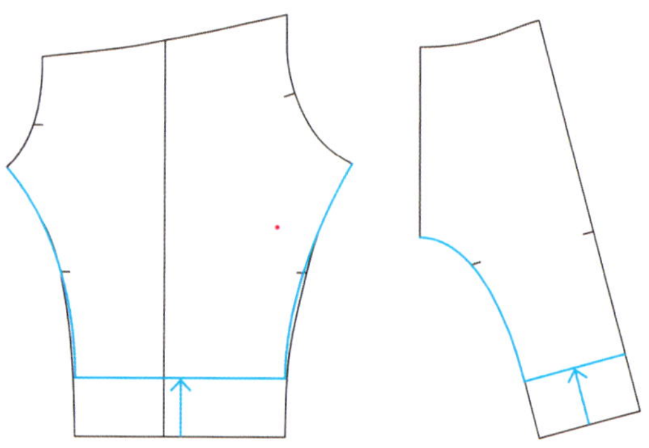

INDIVIDUELLE ANPASSUNGEN

Das Bauchbündchen kannst du bei Bedarf individuell anpassen. Miss dazu den Bauchumfang des Kindes und multipliziere diesen je nach Qualität der verwendeten Bündchenware mit 0,7 bis 0,8. Auch die Beinbündchen kannst du auf die gleiche Art anpassen.

Sobald du dein Bündchen laut Anleitung zum Ring geschlossen hast, einfach kurz deinem Kind anprobieren, um die Weite zu überprüfen.

DAS MITWACHSPRINZIP

Es ist immer wieder ärgerlich, wenn Kindersachen viel zu schnell zu klein werden. Mit diesen Tipps und Tricks bist du für den nächsten Wachstumsschub gewappnet.

TIPPS & TRICKS

Nähe im Zweifel auf Zuwachs: Wenn die Hose am Anfang noch zu lang ist, ist das nicht schlimm. Fast alle langen Hosen in diesem Buch haben entweder ein Beinbündchen oder einen Gummizug im Saum. Dadurch schoppt sich das Bein nach oben und lässt genügend Raum zum Reinwachsen.

Bei kurzen Hosen kommt es nicht auf jeden Zentimeter an. Diese passen weit über die angegebenen Größen hinaus.

Das Yoga-Bauchbündchen zum Umschlagen ist nicht nur besonders angenehm für die ganz Kleinen, sondern auch extralang tragbar. Auch Trägerhose, Latzhose und Jumpsuit wachsen durch verstellbare Druckknöpfe oder ein variables Bindeband am Oberkörper mit.

Nähe eine Hose mit Extra-Mitwachspotenzial, indem du das Beinbündchen anpasst. Verlängere dazu einfach das Schnittteil des normalen Beinbündchens („Easy Pants" oder „Casual Pants") oben und unten jeweils um 6 cm. Durch das überlange Beinbündchen wird die Hose eine ganze Doppelgröße länger und kann anfangs gekrempelt werden.

NOTHILFE Und wenn die Hose doch über Nacht zu kurz geworden ist? Trenne oder schneide das Bündchen einfach ab und ersetze es durch ein längeres Bündchen. Kinder wachsen oft nur in die Länge. Deshalb passt eine Hose aus dehnbarem Material von der Weite her meist noch ein paar Größen länger.

Das fröhliche Design „Cloud Love" und passende Kombistoffe findest du in meinem Shop bei Spoonflower:
www.spoonflower.com/profiles/pedilu
Auf meinem Blog gibt es die kleine verliebte Wolke als Plotter-Freebie. Viel Spaß damit!

JERSEYHOSE

IM HAREMSSTIL

Diese gemütliche Haremshose ist extraschnell genäht und setzt Motivjerseys besonders gut in Szene. Durch das schmale Bein und den nicht allzu tiefen Schritt ist die Hose bequem und zugleich alltagstauglich. Achtung: Dieses Einsteigermodell macht süchtig!

GRUNDMODELL „EASY PANTS“

MATERIAL

- 60 cm Jersey
- 20 cm Bündchenware
- 4 × 5 cm Webband o. Ä.

Wenn du die Hose aus unterschiedlichen Jerseys nähen möchtest, gilt der Stoffbedarf für jeden der verwendeten Stoffe. Natürlich brauchst du nicht die volle Breite der Stoffe. Ein kleiner Rest genügt oft schon.

ZUSCHNITT

- ***Easy Pants 1/Einteiler, Vorderteil,*** Bund-Schnittlinie verwenden: 1× im Stoffbruch aus Jersey zuschneiden
- ***Easy Pants 1/Einteiler, Rückteil,*** Bund-Schnittlinie verwenden: 1× im Stoffbruch aus Jersey zuschneiden
- ***Bauchbündchen:*** 1× im Stoffbruch aus Bündchenware zuschneiden
- ***Beinbündchen Easy Pants:*** 2× aus Bündchenware zuschneiden

Wie du das Hosenschnittteil an der Bund-Schnittlinie abtrennst, findest du auf Seite 6. Vergiss nicht, die vordere und hintere Mitte an den Hosenschnittteilen zu markieren.

TIPP Diese Jerseyhose ist ganz einfach zu nähen. Deshalb heißt dieser Grundschnitt auch „Easy Pants“. Auf der nächsten Seite findest du die Basisanleitung für alle Hosen nach diesem Grundschnitt.

SO GEHT'S

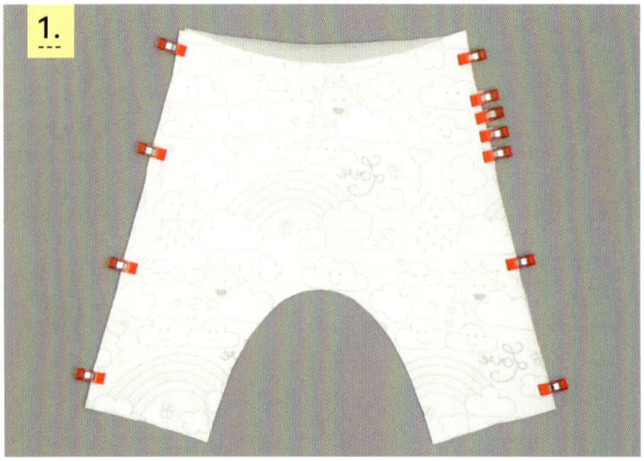

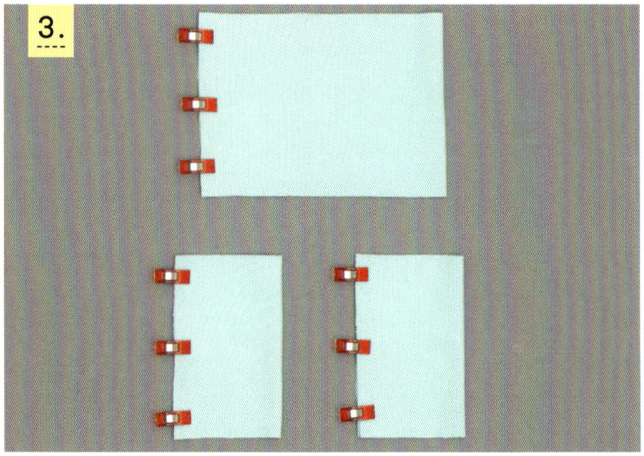

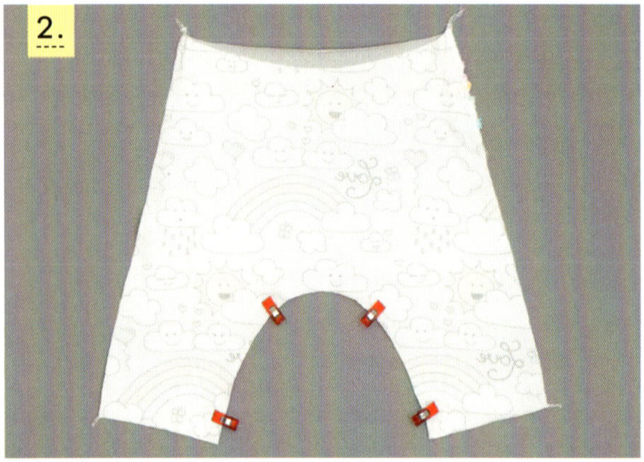

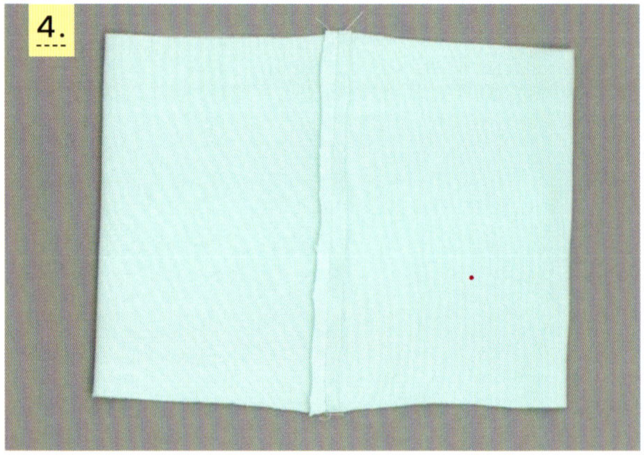

1 Lege das Vorderteil rechts auf rechts auf das Rückteil. Stecke nun die beiden Schnittteile an den Seiten zusammen. Wenn du ein oder mehrere dekorative Bänder in die Seitennaht einnähen möchtest, kannst du diese jetzt feststecken. Nähe die beiden Schnittteile mit einem Versäuberungsstich zusammen und bügle die Nahtzugaben zum Rückteil hin.

2 Anschließend steckst du die Schrittnaht zusammen und nähst sie mit einem Versäuberungsstich zusammen. Bügle auch hier die Nahtzugaben zum Rückteil hin.

3 Falte das Bauchbündchen parallel zum Fadenlauf rechts auf rechts und stecke es an der kurzen Seite zusammen. Jetzt kannst du das Bündchen mit einer elastischen Naht zum Ring schließen. Die Beinbündchen werden später übrigens genauso gearbeitet.

4 Wenn du die Nahtzugaben auseinanderbügelst, liegt das Bündchen schön flach und ist vor allem für die Kleinsten angenehmer zu tragen.

TIPP Wie du den Schritt für einen besonders lässigen Look tiefer setzen kannst, findest du im Exkurs auf Seite 29. Nähe für Babys ein extrabequemes Yoga-Bauchbündchen zum Umschlagen wie bei der Strampelhose auf Seite 35.

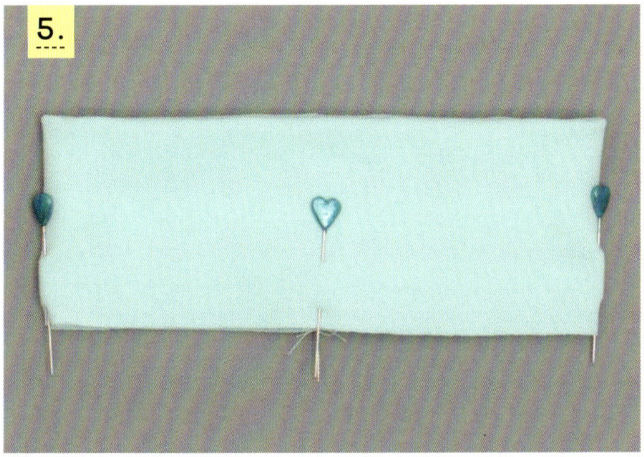

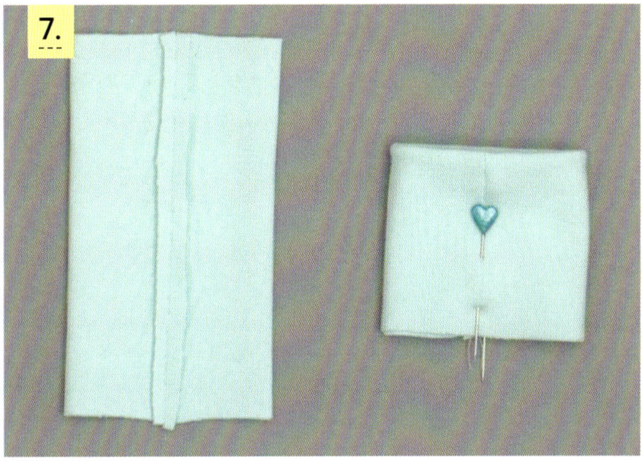

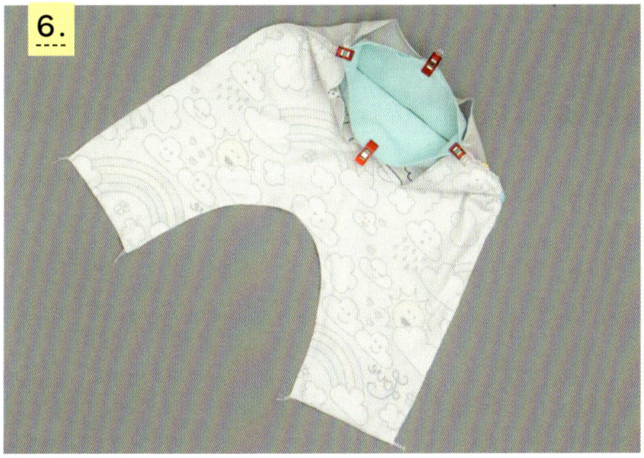

5 Falte anschließend den Ring in der Höhe links auf links zur Hälfte und unterteile ihn in vier gleich große Abschnitte. Diese Markierungen passen später zu vorderer und hinterer Mitte sowie den Seitennähten.

6 Schiebe das Bündchen mit der offenen Kante nach oben in die auf links gewendete Hose. Die Naht des Bündchens trifft dabei auf die hintere Mitte, damit du beim Anziehen immer schnell weißt, wo hinten ist. Stecke das Bündchen gemäß der Markierungen fest und nähe es mit einem Versäuberungsstich gedehnt an. Am besten liegt beim Nähen das Bündchen oben. Dehne beim Nähen nur das Bündchen und nicht den Hauptstoff.

7 Auch das Beinbündchen wird parallel zum Fadenlauf rechts auf rechts gefaltet. Stecke es an der Seite zusammen und schließe es mit einer elastischen Naht zum Ring. Bügle ebenfalls die Nahtzugaben auseinander. Den Beinbündchen-Ring in der Höhe links auf links zur Hälfte falten und anschließend in zwei gleich große Abschnitte unterteilen. Diese Markierungen treffen später auf die Seitennähte.

8 Schiebe das Beinbündchen mit der offenen Kante nach oben in die auf links gewendete Hose. Die Naht des Bündchens trifft dabei auf die Schrittnaht. Stecke das Bündchen fest und nähe es mit einem Versäuberungsstich gedehnt an. Achte darauf, dass du nur das Bündchen und nicht den Hauptstoff dehnst. Zweites Beinbündchen genauso arbeiten. Jetzt nur noch die Hose auf rechts wenden: Fertig ist die Haremshose!

Yes!
YOYO
82
POW!

COOLE
JOGGINGHOSE

Der unkomplizierte Klassiker unter den Hosen – besonders lässig wird dieses Basic-Modell mit coolen Seitenstreifen und einem frechen Patch. So bekommt die Jogginghose das gewisse Etwas und ist auch für Anfänger einfach zu nähen.

GRUNDMODELL „CASUAL PANTS“

MATERIAL

- 65 cm Sweatshirtware
- 20 cm Bündchenware
- 50 cm Gummiband, max. 15 mm breit
- 120 cm Webband
- 1 Patch zum Aufbügeln/Aufnähen

ZUSCHNITT

- ***Casual Pants:*** 2 × gegengleich aus Sweatshirtware zuschneiden
- ***Bauchbündchen:*** 1 × im Stoffbruch aus Bündchenware zuschneiden

Vergiss nicht, die Seitenlinie an den Hosenschnittteilen zu markieren und am Saum eine Saumzugabe für den Gummizug hinzuzufügen. Achte darauf, dass die Saumzugabe mindestens 0,5 cm breiter als dein Gummiband ist.

TIPP Eine einfache Jogginghose ist schnell genäht, vor allem wenn du dir wie bei diesem Modell die Seitennähte sparen kannst. Anhand dieser Hose zeige ich dir, wie man diese Hose nach dem Grundschnitt „Casual Pants“ zusammensetzt.

SO GEHT'S

1.

3.

2.

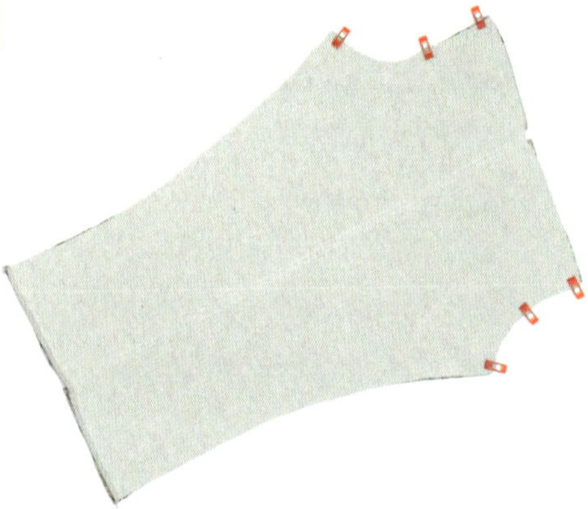

4.

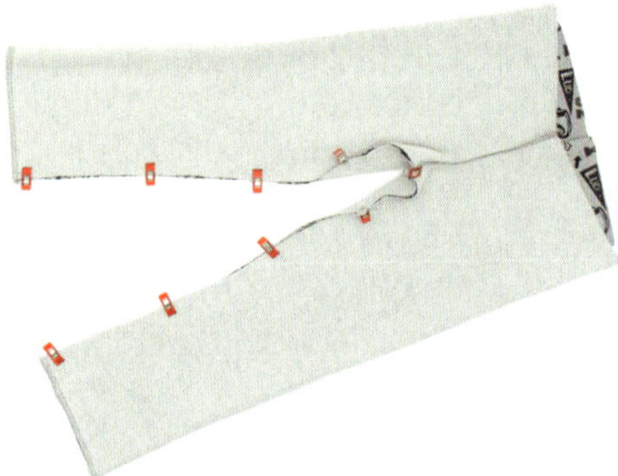

1 Fixiere das Webband entlang der markierten Seitenlinie und steppe es an beiden Kanten knappkantig fest. Arbeite die andere Beinseite genauso. Jetzt kannst du den Patch je nach Herstellerangabe auf der Vorderseite aufbügeln und knappkantig feststeppen.

2 Lege beide Hosenschnittteile rechts auf rechts gemäß der Markierungen aufeinander und stecke sie an den oberen geschwungenen Seiten zusammen. Achte vor allem bei den kleineren Größen darauf, dass du nicht versehentlich das Hosenbein statt der Schrittnaht feststeckst. Nähe anschließend die beiden Schnittteile mit einem Versäuberungsstich zusammen.

3 Um die Hosenbeine richtig zusammenzunähen, wird jedes der beiden Beine am Saum rechts auf rechts aufeinandergefaltet. Wenn du die Hose jetzt an der Unterkante der Hosenbeine hochhebst und locker hinlegst, ergibt sich wie von selbst die Form der fertigen Hose, die du dann zusammenstecken kannst.

4 Stecke die Innenseiten der Hosenbeine zusammen und nähe sie in einem Rutsch mit einem Versäuberungsstich zusammen. Klappe dabei die beiden Nahtzugaben der Schrittnaht jeweils in eine andere Richtung, damit beim Nähen nicht zu viele Schichten aufeinanderliegen.

VARIATION **Wie du eine Seitennaht in den Schnitt einbaust, findest du im Exkurs auf Seite 57. Du kannst diese Hose natürlich auch mit Beinbündchen nähen wie bei der Kuschelhose auf Seite 23.**

5.

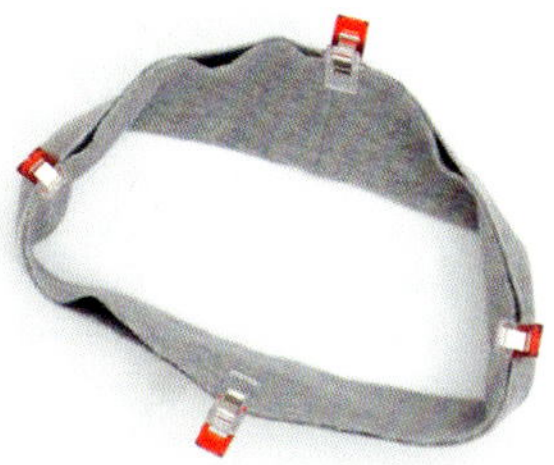

6.

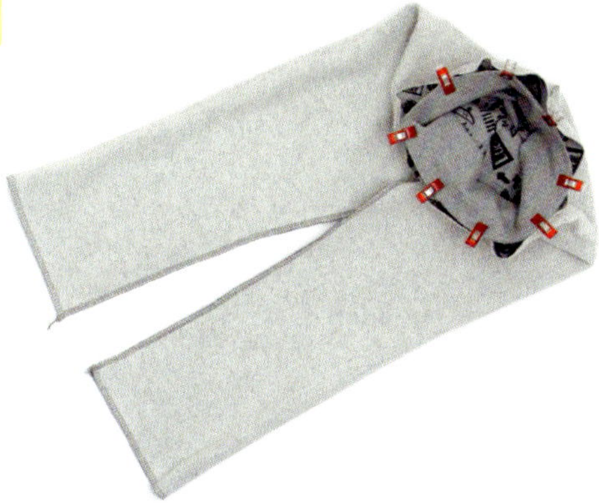

7.

8.

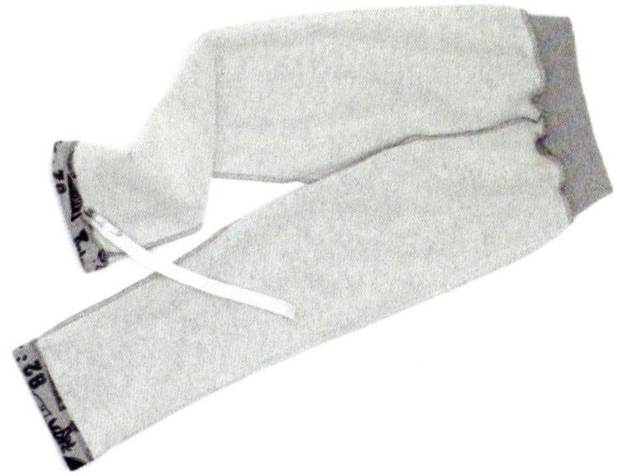

5 Nun faltest du das Bauchbündchen parallel zum Fadenlauf rechts auf rechts und steckst es an der kurzen Seite zusammen. Schließe es mit einer elastischen Naht zum Ring und bügle die Nahtzugaben auseinander. Falte dann den Ring in der Höhe links auf links zur Hälfte und unterteile ihn in vier gleich große Abschnitte (vordere und hintere Mitte, Seitenlinie). Eine ausführliche Anleitung dazu findest du auf Seite 12.

6 Schiebe das Bündchen mit der offenen Kante nach oben in die auf links gewendete Hose. Die Naht des Bündchens trifft dabei auf die hintere Mitte. Ein kleiner Tipp: Die hintere Mitte ist höher als die vordere Mitte. Stecke anschließend das Bündchen gemäß der Markierungen fest und nähe es mit einem Versäuberungsstich gedehnt an. Achte dabei darauf, nur das Bündchen und nicht den Hauptstoff zu dehnen.

7 Schlage den Saum um die von dir hinzugefügte Saumzugabe zur linken Seite hin um und bügle die Faltkante. Nähe den Saum auf Höhe der Saumzugabe mit einem elastischen Stich fest. Wenn du eine Zwillingsnadel verwendest, musst du den Saum von rechts festnähen. Lasse eine kleine Einzugsöffnung für das Gummiband frei. Diese sollte ungefähr so breit sein, wie der Saum hoch ist.

8 Markiere auf dem Gummiband die benötigte Länge (Saumumfang × 0,7) und ziehe es mithilfe einer Sicherheitsnadel durch den entstandenen Tunnel. Achte darauf, dass sich das Gummiband nicht verdreht, und nähe es an den Markierungen zum Ring zusammen. Schließe die Einzugsöffnung mit einem elastischen Stich oder mit der Hand. Arbeite das andere Bein genauso. Yes! – Fertig ist die Jogginghose!

KURZE PUMPHOSE

Diese sommerliche Pumphose im Jeans-Look ist mit der Teilung und ihren Taschen nicht nur superniedlich, sondern auch praktisch. Mit einer Strumpfhose kombiniert, wird das Sommerteil ganz schnell herbsttauglich.

MATERIAL

- 35 cm Denim-Jersey
- 20 cm Bündchenware
- 3 Knöpfe, ca. 15 mm Ø

ZUSCHNITT

- ***Easy Pants 2, Vorderteil,*** Pumphosenlänge, Tascheneingriff abtrennen: 1× im Stoffbruch aus Denim-Jersey zuschneiden
- ***Easy Pants 2, Rückteil,*** Pumphosenlänge, Hüftpassen-Teilungslinie verwenden (oberes Hosenteil): 1× im Stoffbruch aus Bündchenware zuschneiden
- ***Easy Pants 2, Rückteil,*** Pumphosenlänge, Hüftpassen-Teilungslinie verwenden (unteres Hosenteil): 1× im Stoffbruch aus Denim-Jersey zuschneiden
- ***Fake-Knopfleiste:*** 2× aus Bündchenware zuschneiden
- ***Äußerer Taschenbeutel Easy Pants:*** 2× gegengleich aus Bündchenware zuschneiden
- ***Innerer Taschenbeutel Easy Pants:*** 2× gegengleich aus Bündchenware zuschneiden
- ***Bauchbündchen:*** 1× im Stoffbruch aus Bündchenware zuschneiden
- ***Schmales Beinbündchen Pumphose:*** 2× aus Bündchenware zuschneiden

Im Exkurs auf Seite 57 kannst du nachlesen, wie du die Passe teilst und den Taschengriff abtrennst.

SO GEHT'S

1.

2.

3.

4.

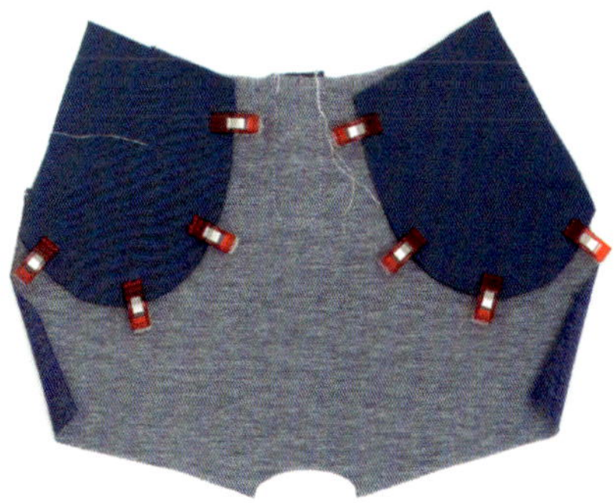

1 Stecke die Passe rechts auf rechts auf das untere Rückteil der Hose und nähe die beiden Teile mit einem Versäuberungsstich zusammen. Anschließend kannst du die Nahtzugaben nach unten bügeln und bei Bedarf mit einem elastischen Stich feststeppen.

2 Lege beide Teile der Fake-Knopfleiste rechts auf rechts aufeinander und nähe sie mit einem Geradstich zusammen. Nähe die Rundung langsam und lasse das obere gerade Ende offen. Schneide die Nahtzugaben vor allem an der Rundung knapp neben der Naht ab, wende die Knopfleiste und bügle die Kante sorgfältig aus. Stecke die Fake-Knopfleiste auf dem Vorderteil mittig fest und steppe sie mit einem Geradstich knappkantig ab.

3 Der äußere Taschenbeutel wird rechts auf rechts an den Tascheneingriff des Vorderteils gesteckt und mit einem Geradstich angenäht. Schneide die Nahtzugabe knapp an der Naht entlang ab und wende den Taschenbeutel nach innen. Bügle die Kante sorgfältig aus und steppe sie nach Wunsch ab.

4 Stecke den inneren Taschenbeutel rechts auf rechts auf den bereits angenähten äußeren Taschenbeutel und nähe die beiden Teile mit einem Versäuberungsstich zusammen. Achte dabei darauf, dass du nur die Taschenbeutel aneinandernähst. Hefte den Taschenbeutel durch alle Schichten hindurch oben und seitlich ans Vorderteil, damit dir später nichts verrutscht. Die andere Tasche arbeitet man genauso.

5.

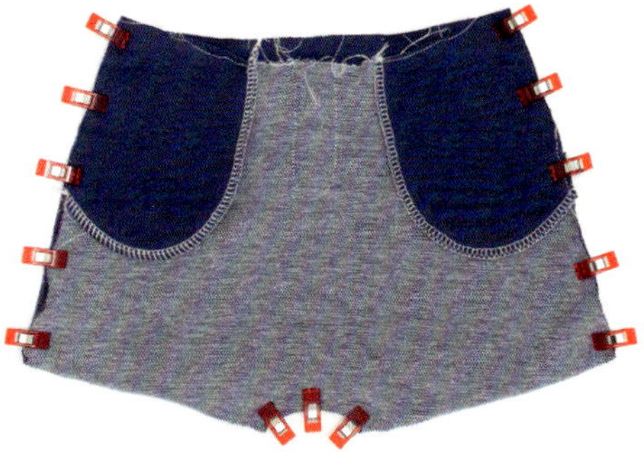

7.

6.

8.

5 Lege das Vorderteil rechts auf rechts auf das Rückteil und stecke die beiden Schnittteile an den Seiten und im Schritt zusammen. Anschließend nähst du die beiden Schnittteile mit einem Versäuberungsstich zusammen. Achte dabei darauf, seitlich auch die Taschen mit einzufassen. Bügle die Nahtzugaben zum Rückteil hin um. Ab Seite 12 kannst du nochmal genau nachlesen, wie man die Hose zusammensetzt.

6 Das Bauchbündchen wird wie auf Seite 12 gearbeitet: Falte das Bauchbündchen und nähe es zum Ring zusammen. Falte den Ring in der Höhe zur Hälfte und unterteile ihn in vier gleich große Abschnitte (vordere und hintere Mitte, Seitennähte).

VARIATION **Wenn du die hintere Passe und die Taschen weglässt, kannst du ganz schnell eine ganze Palette bunter Sommerhöschen nähen.**

7 Schiebe das Bündchen in die auf links gewendete Hose. Dabei trifft die Naht des Bündchens auf die hintere Mitte. Stecke das Bündchen gemäß der Markierungen fest und nähe es mit einem Versäuberungsstich gedehnt an. Achte dabei darauf, auch alle Lagen der Taschen mit einzufassen. Jetzt kannst du auch schon die Zierknöpfe an die Fake-Knopfleiste nähen.

8 Auch das schmale Beinbündchen wird wie bei der einfachen Jerseyhose auf Seite 13 gearbeitet: Beinbündchen zum Ring schließen und zur Hälfte falten. Bündchen in die auf links gewendete Hose schieben und mit einem Versäuberungsstich gedehnt annähen. Damit die Nahtzugabe später nicht herausklappt, kannst du sie zur Hose hin bügeln und knappkantig absteppen. Zweites Beinbündchen genauso arbeiten.

I AM
- NOT -
"Perfect"
- BUT -
I'M
AWESOME

MONSTERMÄSSIGE KUSCHELHOSE

Die Monster sind los! Zum Glück sind sie ganz harmlos und nur aus Stoff. Diese monstermäßig bequeme Kuschelhose überzeugt mit ihrem Yoga-Bauchbündchen zum Umschlagen nicht nur die ganz Kleinen.

MATERIAL

- 65 cm Nicki
- 35 cm Bündchenware
- Stoffreste (Jersey oder Webware)
- beidseitig aufbügelbares Haftvlies, z. B. Vliesofix
- Stickgarn

ZUSCHNITT

- ***Casual Pants:*** 2 × gegengleich aus Nicki zuschneiden (Knieposition markieren)
- ***Yoga-Bauchbündchen:*** 1 × im Stoffbruch aus Bündchenware zuschneiden
- ***Beinbündchen Casual Pants:*** 2 × aus Bündchenware zuschneiden
- ***Monster-Applikationen:*** alle Einzelteile auf Haftvlies übertragen (ohne Nahtzugabe)

TIPP Die Beinbündchen-Variante der „Casual Pants" hat eine halbe Doppelgröße Extra-Mitwachspotenzial. Wie du die Länge bei Bedarf anpassen kannst, findest du auf Seite 8.

SO GEHT'S

1.

2.

3.

4.

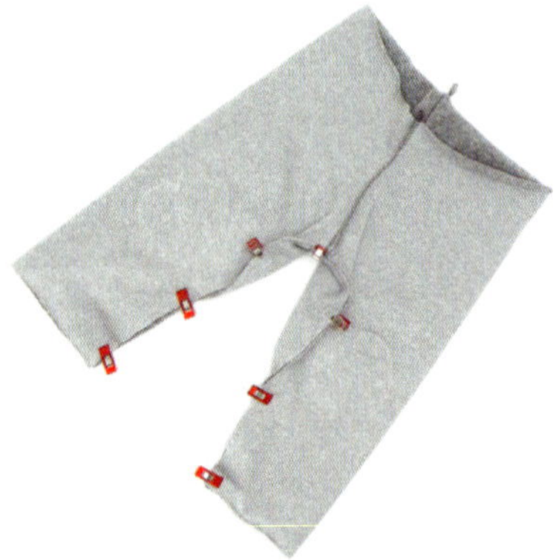

1 Pause alle benötigten Monster-Motivteile auf die Papierseite des Haftvlieses ab und schneide sie grob aus. Anschließend bügelt man das Haftvlies nach Herstellerangabe mit der beschichteten Seite nach unten auf die linke Stoffseite des Stoffrests. Schneide jetzt die bebügelten Motivteile exakt aus.

2 Das Trägerpapier der kleineren Motivteile wird jetzt abgezogen und die Teile auf den Monsterkopf aufgebügelt. Ziehe jetzt auch das Trägerpapier des Monsterkopfes ab. Sticke alle Linien wie Augen und Mund per Hand mit einem Rückstich (oder an der Maschine mit einem normalen oder 3-fachen Geradstich) auf.

3 Platziere das fertige Motiv auf der Markierung für den Kniepatch. Dazu faltest du die Applikation zweimal mittig, um die Mitte deines Motivs zu erhalten. Schneide passende Jersey- oder Bündchenstreifen für die Frisur des einen Monsters zu und schiebe sie unter das Motiv. Bügle die Applikation auf und steppe sie rundherum ab. Die Frisur wird dabei automatisch fixiert.

4 Jetzt werden, wie auf Seite 16 erklärt, beide Hosenschnittteile an den oberen geschwungenen Seiten rechts auf rechts mit einem Versäuberungsstich zusammengenäht. Stecke und nähe anschließend auch die Innenseiten der Hosenbeine zusammen.

5.

6.

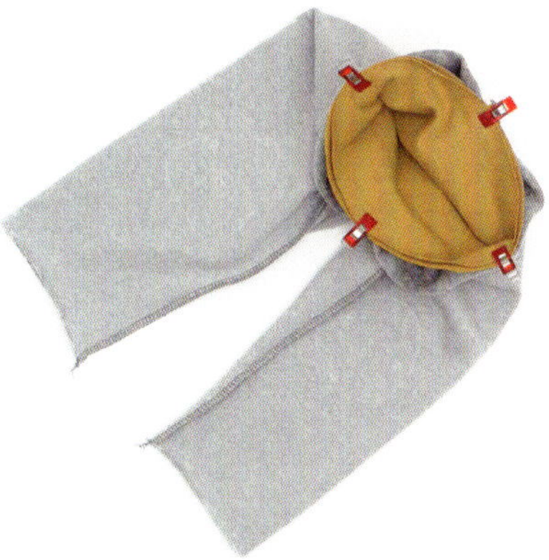

5 Arbeite das Yoga-Bauchbündchen wie auf Seite 36: Falte das Bauchbündchen und nähe es zum Ring zusammen. Bügle die Nahtzugaben für mehr Bequemlichkeit auseinander. Falte den Ring in der Höhe zur Hälfte und unterteile ihn in vier gleich große Abschnitte (vordere und hintere Mitte, Seitenlinien). Schiebe das Bündchen in die auf links gewendete Hose. Stecke das Bündchen gemäß der Markierungen fest und nähe es mit einem Versäuberungsstich gedehnt an.

6 Das Beinbündchen wird ebenfalls zum Ring geschlossen. Falte den Ring zur Hälfte und unterteile ihn in zwei gleich große Abschnitte. Schiebe das Beinbündchen in die Hose. Die Naht des Bündchens trifft dabei auf die innere Seitennaht. Stecke und nähe das Bündchen mit einem Versäuberungsstich gedehnt an. Zweites Beinbündchen genauso arbeiten.

WIE APPLIZIERE ICH EIN MOTIV?

- Motiv ohne Zugabe spiegelverkehrt auf Haftvlies aufzeichnen und grob ausschneiden.
- Haftvlies mit der rauen Seite auf die linke Seite des Stoffrests legen und trocken aufbügeln.
- Motiv exakt ausschneiden und Trägerpapier abziehen, bei Bedarf Details aufsticken.
- Applikation mit der beschichteten Seite nach unten platzieren und mit Dampf aufbügeln. (Beachte beim Bügeln jeweils die Herstellerangabe).
- Steppe die Applikation knappkantig mit einem Gerad- oder Zickzackstich ab. Der Zickzackstich verhindert ein späteres Ausfransen (Webware) oder Einrollen (Jersey).
- Vergiss nicht, Nahtanfang und -ende zu sichern.

KNICKERBOCKER-HOSE

Jetzt wirds superlässig! Die Hose mit tiefem Schritt, überlangen Beinbündchen und Kängurutasche ist an Lässigkeit kaum zu übertreffen.

MATERIAL

- 55 cm Nicki
- 20 cm Jersey
- 45 cm Bündchenware

ZUSCHNITT

- ***Easy Pants 1/Einteiler, Vorderteil,*** Bund-Schnittlinie verwenden, Knickerbockerlänge, Schritt vertiefen (s. S. 29): 1× im Stoffbruch aus Nicki zuschneiden
- ***Easy Pants 1/Einteiler, Rückteil,*** Bund-Schnittlinie verwenden, Knickerbockerlänge, Schritt vertiefen (s. S. 29): 1× im Stoffbruch aus Nicki zuschneiden
- ***Kängurutasche:*** 2× im Stoffbruch aus Jersey zuschneiden
- ***Bauchbündchen:*** 1× im Stoffbruch aus Bündchenware zuschneiden
- ***Knickerbocker-Beinbündchen:*** 2× aus Bündchenware zuschneiden

TIPP Bei dieser Hose wurde der Schritt für einen lässigen Look vertieft. Wie du das ganz einfach selbst machen kannst, findest du im Exkurs auf Seite 29.

SO GEHT'S

1.

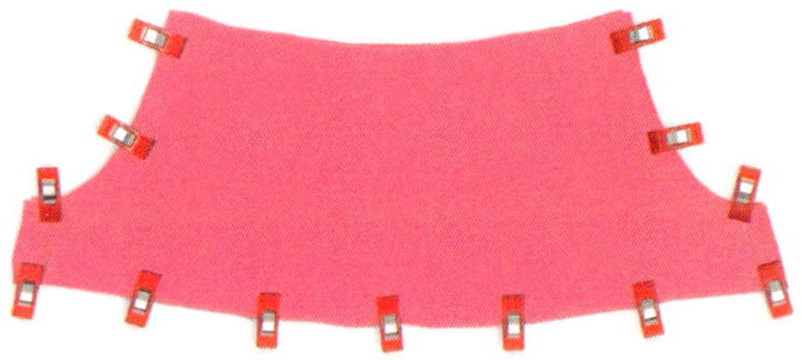

3.

2.

4.

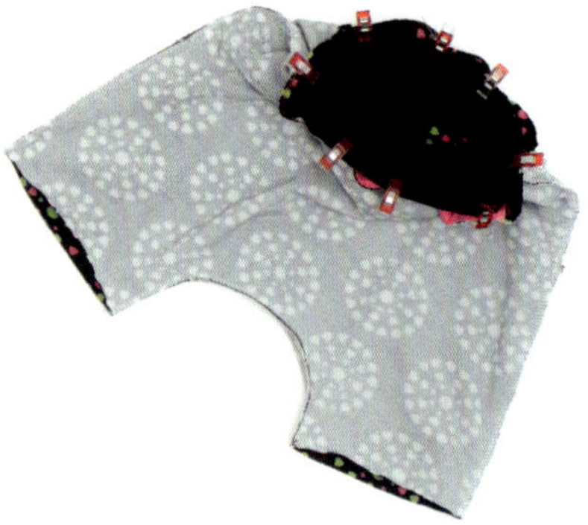

1 Bereite zuerst die Kängurutasche vor: Stecke dazu beide Taschenteile rechts auf rechts aufeinander und nähe diese am Tascheneingriff und an der unteren Kante mit einem Versäuberungsstich zusammen. Oben und an beiden Schmalseiten lässt du die Tasche offen. Wende die Tasche, bügle die Kanten sorgfältig aus und steppe sie nach Wunsch am Tascheneingriff mit einem elastischen Stich ab.

2 Jetzt steckst du die Tasche auf dem Vorderteil fest, sodass sie oben und an den Seiten am Hosenteil anliegt. Steppe sie mit einem elastischen Stich am unteren Rand knappkantig fest. Hefte bei Bedarf die obere Kante und die Seiten an das Hosenteil.

3 Arbeite die Hose wie das Grundmodell auf Seite 12: Lege das Vorderteil rechts auf rechts auf das Rückteil. Stecke die beiden Schnittteile an den Seiten und im Schritt zusammen. Anschließend werden die beiden Schnittteile mit einem Versäuberungsstich zusammengenäht. Achte darauf, seitlich auch die Tasche mit einzufassen.

4 Falte das Bauchbündchen und nähe es zum Ring zusammen. Diesen Ring faltest du in der Höhe zur Hälfte und unterteilst ihn in vier gleich große Abschnitte. Schiebe das Bündchen in die auf links gewendete Hose. Stecke das Bündchen gemäß der Markierungen fest und nähe es mit einem Versäuberungsstich gedehnt an. Achte dabei darauf, auch die Tasche mit einzufassen.

5.

6.

5 Das Knickerbocker-Beinbündchen wird parallel zum Fadenlauf rechts auf rechts gefaltet. Stecke es an der Seite zusammen und schließe es mit einer elastischen Naht zum Ring. Bügle die Nahtzugaben auseinander. Falte den Ring in der Höhe links auf links zur Hälfte und unterteile ihn in zwei gleich große Abschnitte.

6 Schiebe das Beinbündchen mit der offenen Kante nach oben in die auf links gewendete Hose. Stecke es fest und nähe es mit einem Versäuberungsstich gedehnt an. Dehne dabei nur das Bündchen und nicht den Hauptstoff. Zweites Knickerbocker-Beinbündchen genauso arbeiten.

WIE VERTIEFE ICH DEN SCHRITT DER „EASY PANTS"?

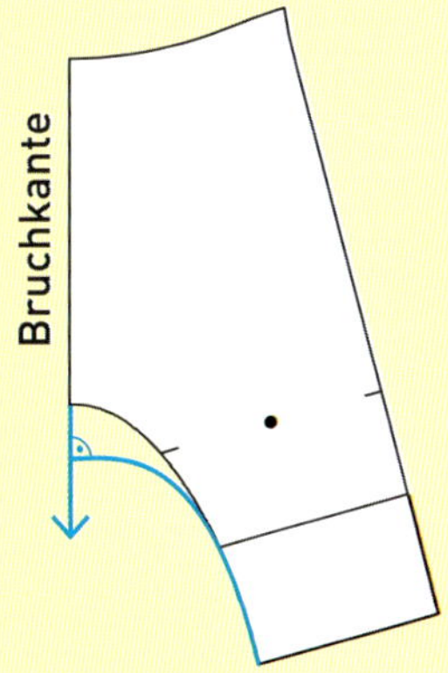

Verlängere die Bruchkante im Vorderteil und trage den gewünschten Betrag nach unten ab. Setze dort im rechten Winkel abgehend die neue Kurve für den tieferen Schritt an und lasse sie sanft in die Beinkurve übergehen. Arbeite das Rückteil genauso oder pause die neue Kurve auf das Rückteil ab.

Mögliche Werte für einen tieferen Schritt:

Größe 50/56:	2,0 cm
Größe 62/68:	2,5 cm
Größe 74/80:	3,0 cm
Größe 86/92:	3,5 cm
Größe 98/104:	4,0 cm

Bei allen „Easy Pants" Varianten – außer bei der kurzen Pumphose von Seite 19 – kannst du den Schritt mit den Werten aus der Liste vertiefen.

LUFTIGE SPORTHOSE

Roaaar! Die Leoparden sind los! Diese sommerliche Hose macht nicht nur bei sportlichen Aktivitäten eine gute Figur. Und aus Badelycra genäht, wird die Hose sogar strandtauglich.

MATERIAL

- 35 cm Funktionsjersey
- 50 cm Gummiband, max. 25 mm breit

WERKZEUG

- Sicherheitsnadel

ZUSCHNITT

- ***Casual Pants,*** kurze Länge: 2× gegengleich aus Funktionsjersey zuschneiden
- ***Gummizugbund:*** 1× im Stoffbruch aus Funktionsjersey zuschneiden

TIPP Funktionsjersey ist ein schnell trocknender Polyester-Jersey mit oft hohem Elasthananteil. Wähle daher eine Größe kleiner als sonst, da die Hose dennoch genug Bewegungsfreiheit bietet.

SO GEHT'S

1.

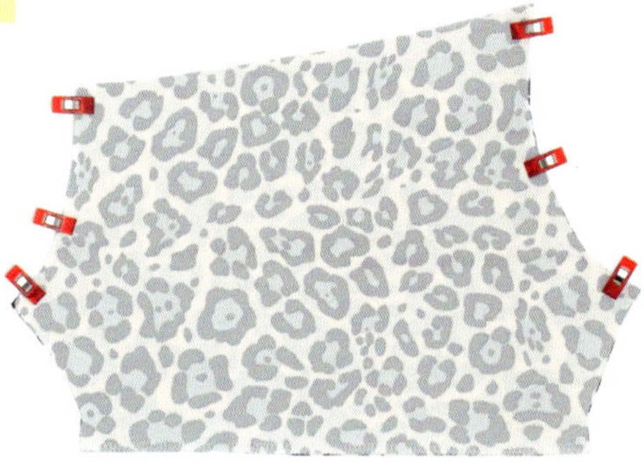

3.

2.

4.

1 Lege, wie auf Seite 16 erklärt, beide Hosenschnittteile rechts auf rechts aufeinander und stecke sie an den oberen geschwungenen Seiten zusammen. Achte bei dieser kurzen Länge darauf, dass du nicht versehentlich das Hosenbein statt der Schrittnaht feststeckst. Nähe sie mit einem Versäuberungsstich zusammen. Stecke und nähe anschließend auch die Innenseiten der Hosenbeine zusammen.

2 Falte den Gummizugbund parallel zum Fadenlauf rechts auf rechts und stecke ihn an der kurzen Seite zusammen. Jetzt schließt man ihn genauso wie beim Arbeiten des normalen Bauchbündchens mit einer elastischen Naht zum Ring. Falte den Ring in der Höhe links auf links zur Hälfte und markiere die vordere Mitte auf der gegenüberliegenden Seite der Naht.

3 Der Gummizugbund wird nun in die auf links gewendete Hose geschoben: Die Naht des Gummizugbunds trifft dabei auf die hintere Mitte, die höher ist als die vordere Mitte. Stecke den Gummizugbund ungedehnt fest und nähe ihn mit einem Versäuberungsstich an. Lasse dabei hinten eine Öffnung für das Gummiband frei. Diese sollte ungefähr so breit sein, wie dein Gummizugbund hoch ist.

4 Jetzt kannst du das Gummiband, auf dem du die benötigte Länge eingezeichnet hast, mithilfe einer Sicherheitsnadel durch den entstandenen Tunnel ziehen. Für die Berechnung der Länge eines Gummibands für den Hosenbund einfach den Exkurs auf dieser Seite lesen.

5.

6.

5 Achte darauf, dass sich das Gummiband nicht verdreht, und nähe es an den beiden Markierungen zum Ring zusammen. Am einfachsten geht das mit ein paar Handstichen. Schließe die Einzugsöffnung mit einem Versäuberungsstich, ohne das Gummiband einzunähen. Fixiere je nach Bedarf den Gummizug an den Seiten mit ein paar kleinen Stichen, damit das Gummiband sich nicht im Tunnel verdrehen kann.

6 Der Saum wird nun um die von dir hinzugefügte Saumzugabe zur linken Seite hin umgeschlagen und die Faltkante gebügelt. Achte darauf, dass du den Funktionsjersey nicht zu heiß bügelst. Nähe den Saum auf Höhe der Saumzugabe mit einem elastischen Stich fest. Solltest du eine Zwillingsnadel verwenden, musst du den Saum von rechts festnähen. Arbeite das andere Bein genauso.

WIE LANG SOLL DAS GUMMIBAND FÜR DEN BUND SEIN?

Jedes Gummiband ist unterschiedlich elastisch. Um die richtige Länge herauszufinden, legst du das Gummiband um den Bauch des Kindes. Es sollte weder zu stramm noch zu locker sitzen. Markiere dir diese Stelle und füge an beiden Enden mindestens 2 cm Naht- und Bearbeitungszugabe hinzu.

Du kannst auch von folgenden Werten ausgehen, wenn du keine Möglichkeit zum Abmessen hast:

Größe 50/56:	34 cm + Zugabe
Größe 62/68:	36 cm + Zugabe
Größe 74/80:	38 cm + Zugabe
Größe 86/92:	40 cm + Zugabe
Größe 98/104:	42 cm + Zugabe

Das verwendete Gummiband sollte mindestens 0,5 cm schmaler sein als der fertige Gummizugbund.

GEMÜTLICHE STRAMPELHOSE

Hier wird kein Söckchen mehr weggestrampelt! Die Hose mit den angesetzten Füßchen hält kleine Babyfüße warm und ist rundum bequem.

MATERIAL

- 65 cm Jersey
- 35 cm Bündchenware

ZUSCHNITT

- ***Easy Pants 2, Vorderteil,*** Strampelhosen-Schnittlinien verwenden, Schritt vertiefen (s. S. 29): 1× im Stoffbruch aus Jersey zuschneiden
- ***Easy Pants 2, Rückteil,*** Schritt vertiefen (s. S. 29): 1× im Stoffbruch aus Jersey zuschneiden
- ***Yoga-Bauchbündchen:*** 1× im Stoffbruch aus Bündchenware zuschneiden
- ***Kappe:*** 2× aus Jersey zuschneiden
- ***Sohle:*** 2× aus Jersey zuschneiden

SO GEHT'S

1.

3.

2.

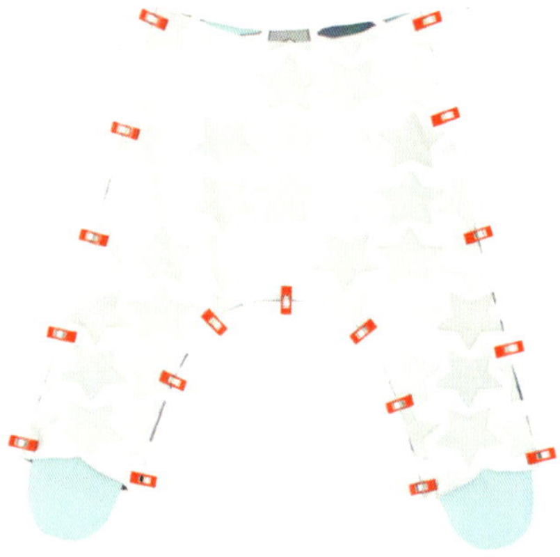

4.

1 Stecke die Kappe mit der leicht gerundeten Seite rechts auf rechts ungedehnt auf die Saumrundung am Vorderteil. Die vordere Mitte der Kappe trifft dabei auf die vordere Mitte des Hosenbeins. Die beiden äußeren geraden Kanten des vorderen Hosenbeins bleiben frei. Nähe die Kappe mit einem Versäuberungsstich an. Arbeite das andere Hosenbein genauso.

2 Lege jetzt das Vorderteil rechts auf rechts auf das Rückteil. Stecke die beiden Schnittteile an den Seiten und im Schritt zusammen. Nähe anschließend die beiden Schnittteile mit einem Versäuberungsstich zusammen.

3 Das Yoga-Bauchbündchen wird nach dem gleichen Prinzip wie das normale Bauchbündchen auf Seite 12 gearbeitet: Falte das Yoga-Bauchbündchen parallel zum Fadenlauf rechts auf rechts und stecke es an der Seite zusammen. Schließe es mit einer elastischen Naht zum Ring und bügle die Nahtzugaben auseinander.

4 Auch beim Yoga-Bauchbündchen wird der Ring in der Höhe links auf links zur Hälfte gefaltet und in vier gleich große Abschnitte unterteilt.

5.

7.

6.

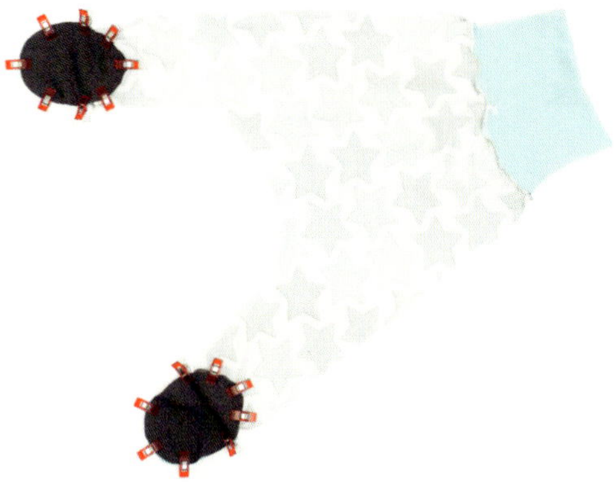

5 Schiebe das Yoga-Bauchbündchen mit der offenen Kante nach oben in die auf links gewendete Hose. Stecke das Bündchen fest und nähe es mit einem Versäuberungsstich gedehnt an. Dehne dabei nur das Bündchen und nicht den Hauptstoff.

6 Die Sohle wird nun rechts auf rechts ungedehnt an das untere Ende des Hosenbeins gesteckt. Die vordere Mitte der Sohle trifft dabei auf die vordere Mitte der Kappe und die hintere Mitte der Sohle auf die hintere Mitte des Hosenbeins. Das bisher offene Ende des vorderen Hosenbeins wird jetzt an den Seiten der Sohle festgesteckt. Nähe die Sohle mit einem Versäuberungsstich fest. Arbeite das zweite Hosenbein genauso.

7 Wende die Strampelhose auf rechts und forme die Rundung mit den Fingern von innen gut aus.

TIPP Achte vor allem bei den Füßchen auf einen sehr dehnbaren, haltbaren Stich, da diese Naht stark beansprucht wird.

FIE
STA

SOMMERLICHE BERMUDA

Mit den großen aufgesetzten Taschen wird diese Hose zum praktischen Begleiter für den Sommer. Aus frechen, weniger mädchenhaften Stoffen ist sie natürlich auch super für Jungs geeignet!

MATERIAL

- 50 cm Sommersweat
- 25 cm Jersey
- 50 cm Gummiband, max. 25 mm breit

WERKZEUG

- Sicherheitsnadel

ZUSCHNITT

- ***Casual Pants,*** Bermudalänge: 2× gegengleich aus Sommersweat zuschneiden
- ***Gummizugbund:*** 1× im Stoffbruch aus Sommersweat zuschneiden
- ***Aufgesetzte Tasche:*** je 2× gegengleich aus Jersey und Futter-Jersey zuschneiden

TIPP Die Taschen funktionieren auch super auf der Version der Casual Pants mit langen Hosenbeinen. Nur für die ganz kurze Sporthose wie auf Seite 31 eignen sie sich nicht.

SO GEHT'S

1.

3.

2.

4.

1 Bereite zuerst die Tasche vor: Lege zwei gegengleiche Taschenteile rechts auf rechts zusammen, stecke sie fest und nähe sie an beiden Rundungen mit einem elastischen Stich zusammen. Schneide die Nahtzugaben knapp an der Naht entlang ab, wende die Tasche durch die Öffnung und bügle die Rundungen ordentlich aus.

2 Jetzt kannst du die Tasche mit der Futterseite an der rechten Seite des Hosenteils feststecken und die äußere Rundung knappkantig absteppen. Beachte dabei, dass die Seitenlinie der Tasche auf die Seitenlinie der Hose trifft und die breitere Seite der Tasche vorn liegt. Bereite die andere Tasche ebenso vor und nähe sie auf das zweite Hosenteil.

3 Lege beide Hosenschnittteile rechts auf rechts aufeinander und stecke sie an den oberen geschwungenen Seiten zusammen. Achte vor allem bei den kleineren Größen darauf, dass du nicht versehentlich das Hosenbein statt der Schrittnaht feststeckst. Nähe nun die beiden Schnittteile mit einem Versäuberungsstich zusammen.

4 Stecke die Innenseiten der Hosenbeine zusammen und nähe sie mit einem Versäuberungsstich zusammen. Die einzelnen Schritte zum Zusammensetzen dieses Grundmodells findest du auf Seite 16.

5.

6.

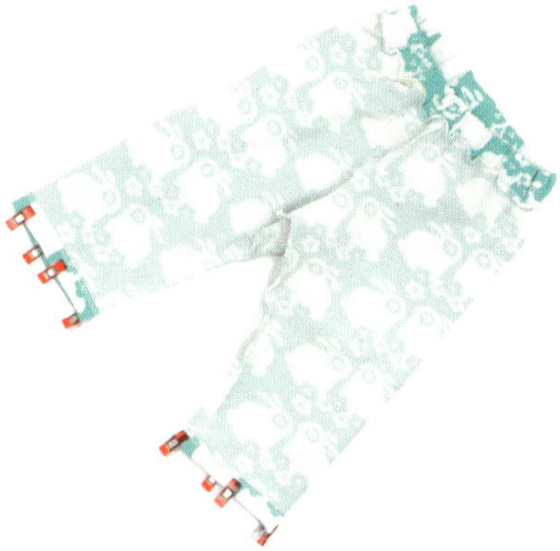

5 Der Gummizugbund wird, wie auf Seite 32 beschrieben, gearbeitet: Nähe die kurzen Seiten des Hosenbunds zusammen. Falte ihn zur Hälfte und schiebe ihn in die auf links gewendete Hose. Stecke und nähe den Bund ungedehnt an. Lasse eine Einzugsöffnung, ziehe das Gummiband durch den Bund und nähe es zum Ring zusammen. Anschließend noch die Einzugsöffnung schließen.

6 Schlage den Saum um die von dir hinzugefügte Saumzugabe zur linken Seite hin um und bügle die Faltkante. Anschließend kannst du den Saum auf Höhe der Saumzugabe mit einem elastischen Stich feststeppen. Nähe den Saum von rechts fest, wenn du eine Zwillingsnadel verwendest. Arbeite das andere Bein genauso.

GEFÜTTERTE

THERMOHOSE

Eine gefütterte Thermohose ist genau richtig für die kalte Jahreszeit. Schön bequem und trotzdem kuschelig warm. Und gekrempelt kommt sie gleich doppelt lässig daher.

MATERIAL

- 65 cm Feinstrick
- 65 cm Jersey
- 20 cm Bündchenware
- beidseitig aufbügelbares Haftvlies, z. B. Vliesofix

ZUSCHNITT

- ***Easy Pants 2, Vorderteil:*** je 1× im Stoffbruch aus Feinstrick und Jersey zuschneiden (Knieposition markieren)
- ***Easy Pants 2, Rückteil:*** je 1× im Stoffbruch aus Feinstrick und Jersey zuschneiden
- ***Kniepatch:*** 2× auf Haftvlies übertragen (ohne Nahtzugabe)
- ***Bauchbündchen:*** 1× im Stoffbruch aus Bündchenware zuschneiden

TIPP Nähe diese Hose am besten auf Zuwachs, damit sie auch aus dem gefütterten Strickstoff bequem genug bleibt. Die Beinlänge kannst du zusätzlich verlängern, damit sich die Hose anfangs krempeln lässt. Wie das geht, findest du auf Seite 8.

SO GEHT'S

1.

3.

2.

4.

1 Übertrage zuerst die Form des Kniepatches auf die Papierseite des Haftvlieses und schneide sie grob aus. Bügle das Haftvlies nach Herstellerangabe mit der beschichteten Seite nach unten auf die linke Stoffseite deines Stoffrests. Anschließend kannst du das Motiv exakt ausschneiden und das Papier abziehen.

2 Platziere den Kniepatch mit der beschichteten Seite nach unten auf der Kniemarkierung. Falte dazu den Patch zweimal mittig, um die Mitte deines Motivs zu erhalten. Bügle den Patch auf und steppe ihn knappkantig ab. Auf Seite 25 findest du mehr Infos zum Applizieren.

3 Die Außenhose aus Feinstrick wird, wie auf Seite 12 beschrieben, zusammengesetzt: Lege das Vorderteil rechts auf rechts auf das Rückteil. Stecke die beiden Schnittteile an den Seiten und am Schritt zusammen. Nähe die beiden Schnittteile mit einem Versäuberungsstich zusammen.

4 Nähe anschließend die Innenhose aus Jersey genauso wie die Außenhose zusammen.

TIPP **Sieh dir mal die Monster-Applikation der Kuschelhose auf Seite 23 an! Diese kannst du auch wunderbar auf die Thermohose nähen.**

5.

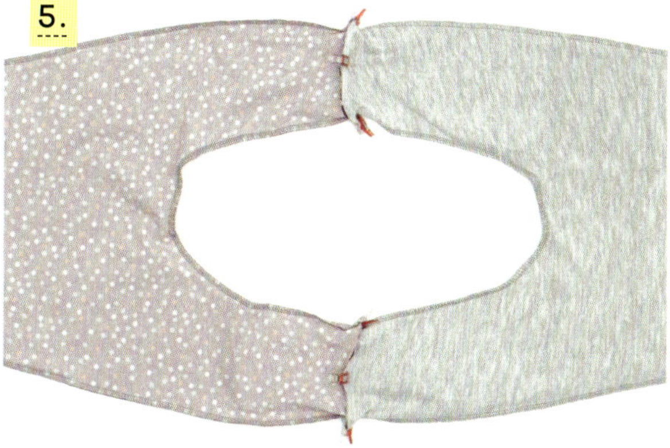

6.

7.

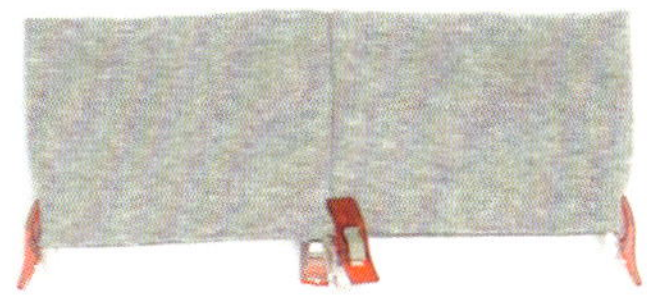

8.

5 Jetzt werden Innen- und Außenhose am Saum miteinander verbunden: Stecke die beiden auf links gewendeten Hosen an den Beinsäumen gegeneinander zusammen, sodass die jeweils rechten Stoffseiten aufeinander liegen. So kannst du später die Innenhose richtig herum in die Außenhose stecken. Nähe die beiden Hosen am Saum entlang mit einem elastischen Stich zusammen. Achte dabei darauf, keinen der beiden Stoffe zu dehnen, damit der Saum nicht ausleiert.

6 Greife ins Bein der Außenhose und ziehe sie über das Bein der Futterhose. Gehe beim anderen Hosenbein auf die gleiche Weise vor, bis die Innenhose ordentlich in der Außenhose liegt. Jetzt kannst du die Kanten am Beinsaum ausformen und bügeln. Wende anschließend die Hose wieder auf links, um das Bauchbündchen anzunähen.

7 Nun faltet man das Bauchbündchen parallel zum Fadenlauf rechts auf rechts und steckt es an der kurzen Seite zusammen. Schließe das Bündchen mit einer elastischen Naht zum Ring. Falte den Ring in der Höhe links auf links zur Hälfte und unterteile ihn in vier gleich große Abschnitte.

8 Du kannst das Bündchen jetzt mit der offenen Kante nach oben in die auf links gewendete Hose schieben. Stecke das Bündchen fest und nähe es mit einem Versäuberungsstich an. Achte dabei darauf, dass du beim Zusammennähen sowohl beide Schichten des Bündchens als auch beide Hosen erfasst. Dehne beim Nähen nur das Bündchen und nicht den Stoff der beiden Hosen.

Auch der Bio-Jacquard namens „Tangram“ ist ein klein wenig retro. Dieses schlichte Design entstand exklusiv für das stoffbüro.

RETRO-TRÄGERHOSE

Ein freches Modell für kleine Rabauken. Die kurze Trägerhose eignet sich nicht nur für festliche Anlässe. Durch die verstellbaren Träger im Vintage-Look wächst sie super mit.

MATERIAL

- 90 cm Jacquard-Jersey
- 50 cm Gummiband, max. 25 mm breit
- 50 cm Gummiband, max. 15 mm breit
- leichte bi-elastische Einlage, z. B. Vlieseline G 785
- 6 Jersey-Druckknöpfe, ca. 10 mm Ø
- 2 Zierknöpfe, max. 30 mm Ø

WERKZEUG

- Sicherheitsnadel
- Druckknopfzange oder Werkzeug für Jersey-Druckknöpfe

ZUSCHNITT

- ***Casual Pants,*** Bermudalänge: 2× gegengleich aus Jacquard-Jersey zuschneiden
- ***Gesäßtasche:*** 1× aus Jacquard-Jersey zuschneiden
- ***Gesäßtasche:*** Schablone aus festem Papier zuschneiden (ohne Nahtzugabe)
- ***Gummizugbund:*** 1× im Stoffbruch aus Jacquard-Jersey zuschneiden
- ***Hosenträger:*** 2× aus Jacquard-Jersey zuschneiden und Einlage aufbügeln

TIPP Die Trägerlänge kann bei jedem Kind variieren. Miss am besten den Verlauf der Träger an deinem Kind aus und füge ausreichend Mehrlänge für die weiteren Druckknöpfe hinzu.

VARIATION Verlängere die Hose für einen lässigen Look! Im Beispiel links habe ich 7 cm hinzugefügt. An kleineren Kindern sieht die Retro-Hose auch in der ganz kurzen Länge zuckersüß aus!

SO GEHT'S

1.

3.

2.

4.

1 Arbeite zuerst die Gesäßtasche: Nähe mit einem lang eingestellten Geradstich eine Hilfsnaht auf der Nahtzugabe der Rundung. Lege deine Taschenschablone auf die linke Seite der Tasche und ziehe an den ungesicherten Nahtenden, damit sich die Nahtzugabe nach innen einkräuselt. Bügle die Nahtzugaben nach innen. Schlage die Oberkante der Tasche nach innen und bügle sie glatt.

2 Jetzt wird die Tasche links auf rechts an der Markierung an das Hosenschnittteil gesteckt und sorgfältig abgesteppt. Beginne dabei an der Oberkante und nähe entlang der Rundung bis zum anderen Ende der Oberkante. Am besten sicherst du Nahtanfang und -ende mit einem kleinen Dreieck.

3 Stecke und nähe beide Hosenschnittteile an den oberen geschwungenen Seiten rechts auf rechts mit einem Versäuberungsstich zusammen. Stecke und nähe auch die Innenseiten der Hosenbeine mit einem Versäuberungsstich zusammen. Die einzelnen Schritte zum Zusammennähen dieses Grundschnitts findest du auf Seite 16.

4 Der Gummizugbund wird, wie auf Seite 32 beschrieben, gearbeitet: Nähe die kurzen Seiten des Hosenbunds zusammen. Falte ihn zur Hälfte und schiebe ihn in die auf links gewendete Hose. Stecke und nähe den Bund ungedehnt an. Lasse eine Einzugsöffnung frei, ziehe das breitere Gummiband mithilfe einer Sicherheitsnadel durch den Bund und nähe es zum Ring zusammen. Anschließend wird die Einzugsöffnung geschlossen.

5.

7.

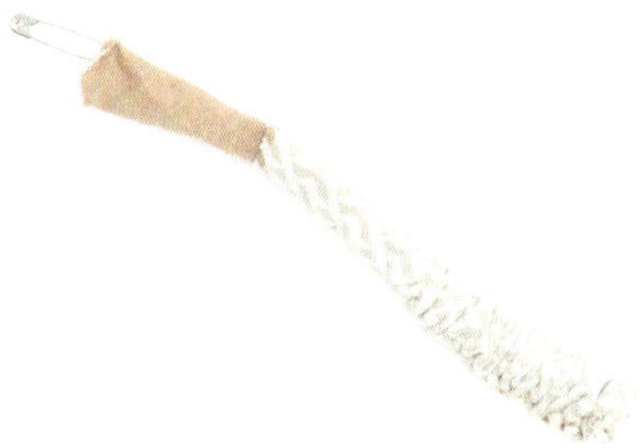

6.

8.

5 Schlage den Saum zur linken Seite hin um und bügle die Faltkante. Nähe den Saum mit einem elastischen Stich fest und lasse eine Einzugsöffnung für das schmalere Gummiband. Ziehe das Gummiband mithilfe einer Sicherheitsnadel durch den entstandenen Tunnel und nähe es zum Ring zusammen. Schließe die Einzugsöffnung mit einem elastischen Stich. Arbeite das andere Bein genauso. Die einzelnen Schritte findest du auch ausführlicher auf Seite 17.

6 Spätestens jetzt solltest du die bi-elastische Einlage auf die Träger bügeln, die ein Ausreißen der Druckknöpfe und ein Ausleiern der Träger verhindert. Stecke und nähe den Träger an der langen Seite rechts auf rechts zusammen. Die beiden Enden bleiben offen.

7 Wende den Träger mithilfe einer Sicherheitsnadel. Falte den Träger anschließend so, dass die Naht mittig liegt, und bügle ihn glatt. Klappe die Nahtzugaben der Enden nach innen und schließe beide Öffnungen mit ein paar Handstichen. Arbeite den zweiten Träger genauso.

8 Bringe an einem Ende des Trägers drei Druckknöpfe im Abstand deiner Wahl an. Das Gegenstück kommt gemäß der Markierung an den hinteren Hosenbund, sodass später das Trägerende im Inneren der Hose verschwindet. Stecke vorn gemäß der Markierungen das andere Trägerende über Kreuz innen am Hosenbund fest. Fixiere den Träger am Bund, indem du von außen jeweils einen Zierknopf am Hosenbund annähst. Arbeite den zweiten Träger genauso.

Der Bio-Jacquard „Federkleid“, den ich für das stoffbüro entwickeln durfte, hüllt die Kleinen in eine weiche, wärmende Schicht.

NIEDLICHE LATZHOSE

Eine Latzhose darf in keinem Kleinkind-Kleiderschrank fehlen. Sie macht so einiges mit und sorgt dafür, dass immer alles schön eingepackt ist.

MATERIAL

- 65 cm Jacquard-Jersey
- 45 cm Jersey
- 20 cm Bündchenware
- leichte bi-elastische Einlage, z. B. Vlieseline G 785
- 4 Jersey-Druckknöpfe, ca. 10 mm Ø

WERKZEUG

- Druckknopfzange oder Werkzeug für Jersey-Druckknöpfe

ZUSCHNITT

- ***Easy Pants 1/Einteiler, Vorderteil,*** Latz-Teilungslinie verwenden (Latzteil): 2× im Stoffbruch aus Jersey zuschneiden und auf die Trägerenden Einlage aufbügeln
- ***Easy Pants 1/Einteiler, Vorderteil,*** Latz-Teilungslinie verwenden (Hosenteil): 1× im Stoffbruch aus Jacquard-Jersey zuschneiden
- ***Easy Pants 1/Einteiler, Rückteil,*** Latz-Teilungslinie verwenden (Latzteil): 2× im Stoffbruch aus Jersey zuschneiden und auf die Trägerenden Einlage aufbügeln
- ***Easy Pants 1/Einteiler, Rückteil,*** Latz-Teilungslinie verwenden (Hosenteil): 1× im Stoffbruch aus Jacquard-Jersey zuschneiden
- ***Beinbündchen Easy Pants:*** 2× aus Bündchenware zuschneiden

Im Exkurs auf Seite 57 kannst du nachlesen, wie du den Latz abtrennst.

VARIATION Das Oberteil der Latzhose ist mit Jersey verstürzt. Ich habe für Innen- und Außenfutter verschiedenfarbige Jerseystoffe verwendet. Dafür je ein Vorder- und ein Rückteil des Latzes in einer anderen Farbe zuschneiden.

SO GEHT'S

1.

3.

2.

4.

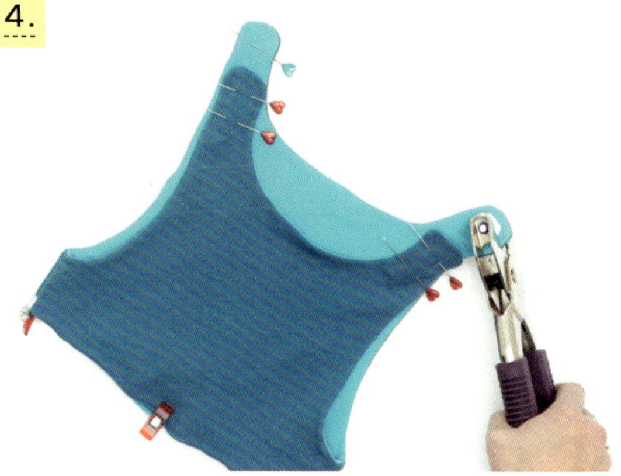

1 Lege das vordere Latzteil rechts auf rechts auf das hintere Latzteil. Stecke die beiden Schnittteile an den Seiten zusammen und nähe sie mit einem Versäuberungsstich zusammen.

2 Arbeite den inneren Latz genauso.

3 Schiebe das äußere Latzteil mit der rechten Seite nach außen in das auf links gewendete Latzteil aus Futterstoff. Stecke die beiden Teile rechts auf rechts fest. Achte dabei darauf, dass das Vorder- ans Vorderteil und das Rück- ans Rückteil gesteckt ist. Nähe sorgfältig die obere Kante mit einem elastischen Stich zusammen, also Rück- an Rückteil und Vorder- an Vorderteil. Die untere Kante bleibt offen.

4 Schneide die Nahtzugaben knapp an der Naht entlang ab, vor allem an den Rundungen der Träger. Wende den Latz und bügle die Rundungen ordentlich aus. Jetzt kannst du an den hinteren Trägern jeweils einen Jersey-Druckknopf anbringen und an den vorderen Trägern jeweils zwei passende Gegenstücke.

TIPP **Durch die beiden Druckknöpfe an den Trägern wächst diese Hose super mit. Verlängere für noch mehr Mitwachskomfort die Bündchen, wie auf Seite 9 beschrieben, damit du sie umklappen kannst.**

5.

7.

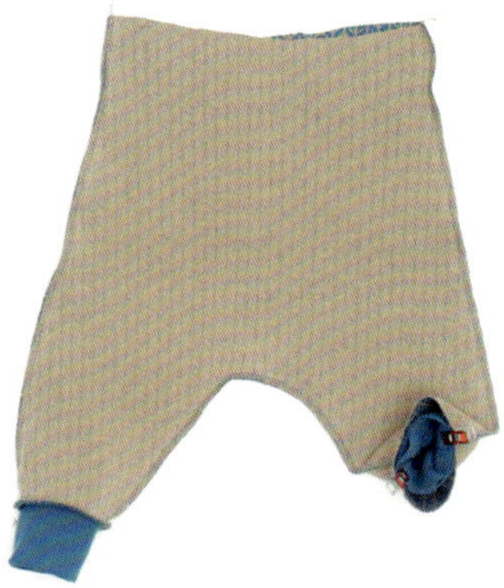

6.

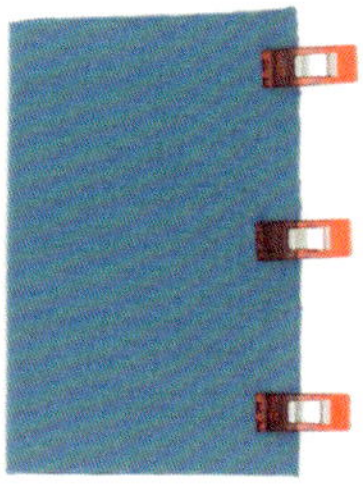

8.

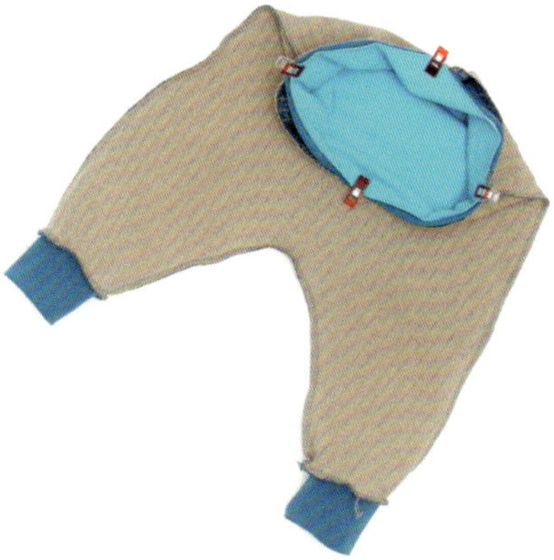

5 Lege das vordere Hosenteil rechts auf rechts auf das Rückteil. Stecke die beiden Schnittteile an den Seiten und im Schritt zusammen. Nähe dann die beiden Schnittteile mit einem Versäuberungsstich zusammen.

6 Falte das Beinbündchen rechts auf rechts. Stecke das Bündchen an der Seite zusammen und schließe es mit einer elastischen Naht zum Ring. Falte den Ring in der Höhe links auf links zur Hälfte und unterteile ihn dann in zwei gleich große Abschnitte.

7 Schiebe das Beinbündchen mit der offenen Kante nach oben in die auf links gewendete Hose. Die Naht des Bündchens trifft dabei auf die Schrittnaht. Stecke das Bündchen fest und nähe es mit einem Versäuberungsstich gedehnt an. Achte darauf, dass du nur das Bündchen und nicht den Hauptstoff dehnst. Das zweite Beinbündchen genauso arbeiten.

8 Zuletzt schiebst du den Latz mit der offenen Kante nach oben in die auf links gewendete Hose. Stecke den Latz fest und nähe ihn mit einem Versäuberungsstich ungedehnt an. Achte dabei darauf, dass du sowohl die Hose als auch die beiden Schichten des Latzes erfasst.

JOGGINGHOSE

IM BIKER-LOOK

Jetzt wird's cool! Der angesagte Biker-Look steht auch schon den Kleinsten gut. Und mal ehrlich: Gemütlicher als Denim-Sweat geht's kaum, oder?

MATERIAL

- 65 cm Denim-Sweat
- 30 cm Jersey
- 65 cm Cordstoff
- Denim-Garn
- 50 cm Gummiband, max. 25 mm breit
- 50 cm Gummiband, max. 15 mm breit
- evtl. SnapPap

WERKZEUG

- Sicherheitsnadel

ZUSCHNITT

- ***Casual Pants,*** an Seitenlinie abtrennen (hinteres Bein): 2 × gegengleich aus Denim-Sweat zuschneiden
- ***Casual Pants,*** an Seitenlinie und Knieeinsatz-Teilungslinie 1 abtrennen (vorderes, oberes Bein), Tascheneingriff abtrennen: 2 × gegengleich aus Denim-Sweat zuschneiden
- ***Casual Pants,*** an Knieeinsatz-Teilungslinie 1 und 2 abtrennen (Knieeinsatz): 2 × gegengleich aus Cord zuschneiden
- ***Casual Pants,*** an Seitenlinie und Knieeinsatz-Teilungslinie 2 abtrennen (vorderes, unteres Bein): 2 × gegengleich aus Denim-Sweat zuschneiden
- ***Äußerer Taschenbeutel Casual Pants:*** 2 × gegengleich aus Jersey zuschneiden
- ***Innerer Taschenbeutel Casual Pants:*** 2 × gegengleich aus Denim-Sweat zuschneiden
- ***Gummizugbund:*** 1 × im Stoffbruch aus Denim-Sweat zuschneiden

TIPP Auf Seite 57 wird erklärt, wie du das Schnittmuster an der Seitenlinie und für den Knieeinsatz im Biker-Look teilen musst.

SO GEHT'S

1.

3.

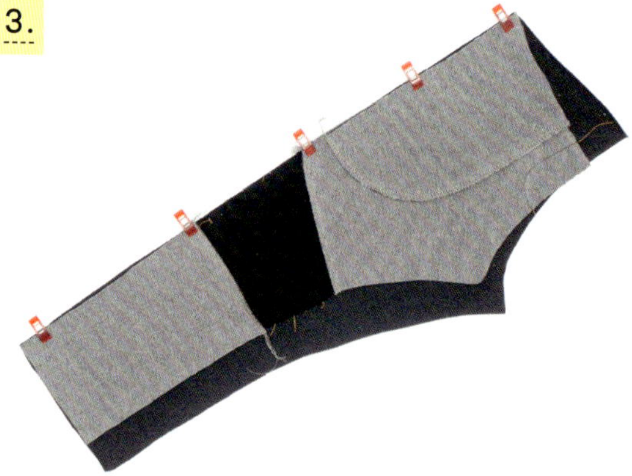

2.

4.

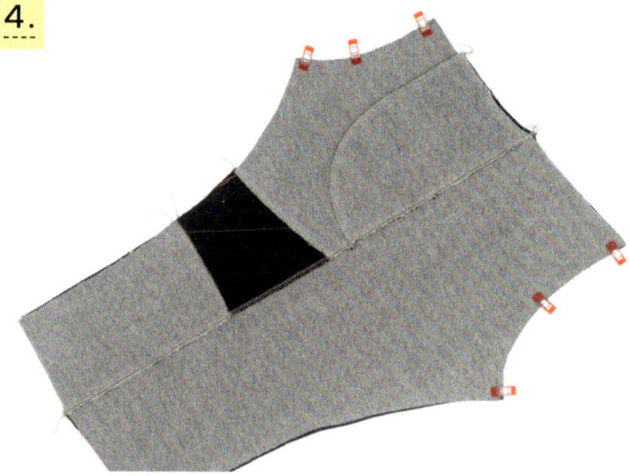

1 Steppe einen Fake-Hosenschlitz als kontrastfarbige Ziernaht auf das vordere obere Beinschnittteil auf. Ebenso kannst du schon jetzt horizontale Linien auf den Knieeinsatz steppen. Arbeite die Hüftpassentaschen wie auf Seite 20: Nähe den äußeren Taschenbeutel rechts auf rechts an den Tascheneingriff, wende ihn nach innen und bügle die Kante aus. Stecke den inneren Taschenbeutel rechts auf rechts auf den äußeren Taschenbeutel und nähe beide zusammen. Arbeite die andere Tasche genauso.

2 Patche das Vorderteil der Hose zusammen, indem du zuerst den Knieeinsatz rechts auf rechts mit dem oberen Hosenbeinteil mit einem Versäuberungsstich zusammennähst. Nähe anschließend das untere Hosenbeinteil ebenso rechts auf rechts an den Knieeinsatz an.

3 Lege vorderes und hinteres Beinschnittteil rechts auf rechts aufeinander und stecke sie an der Seitenlinie zusammen. Nähe die beiden Schnittteile mit einem Versäuberungsstich zusammen. Bereite anschließend das zweite Hosenbein auf die gleiche Weise vor.

4 Lege beide Hosenschnittteile rechts auf rechts gemäß der Markierungen aufeinander und stecke sie an den oberen geschwungenen Seiten zusammen. Nähe die beiden Schnittteile mit einem Versäuberungsstich zusammen. Anschließend nähst du die Schrittnaht, wie auf Seite 16 beschrieben, zusammen.

5.

6.

5 Der Gummizugbund wird, wie auf Seite 32 beschrieben, gearbeitet: Nähe die kurzen Seiten des Hosenbunds zusammen. Falte ihn zur Hälfte und schiebe ihn in die auf links gewendete Hose. Stecke und nähe den Bund ungedehnt an. Lasse eine Einzugsöffnung, ziehe das breitere Gummiband mithilfe einer Sicherheitsnadel durch den Bund und nähe es zum Ring zusammen. Anschließend schließt man die Einzugsöffnung. Befestige einen Zierknopf und nähe nach Wunsch ein kleines Label aus SnapPap an den hinteren Hosenbund.

6 Der Saum wird wie im Grundmodell auf Seite 17 gearbeitet: Schlage den Saum zur linken Seite hin um und nähe ihn mit einem elastischen Stich fest. Lasse eine Einzugsöffnung für das Gummiband und ziehe das Gummiband durch den entstandenen Tunnel. Nähe es zum Ring zusammen und schließe die Einzugsöffnung mit einem elastischen Stich. Arbeite das andere Bein genauso.

WIE TEILE ICH EIN SCHNITTMUSTER?

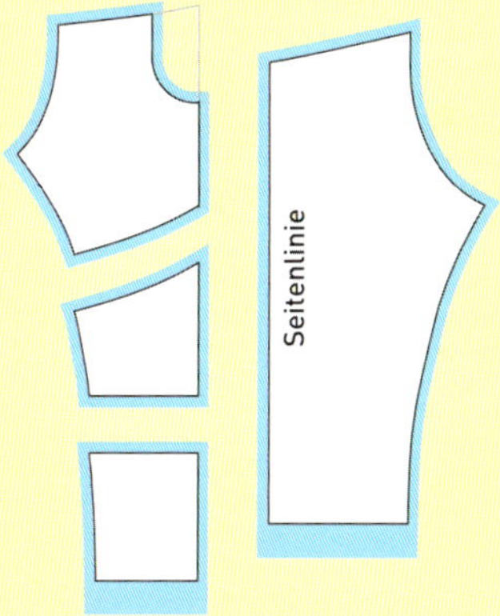

Wenn deine Hose eine Seitennaht erhalten soll, kannst du den abgepausten Schnitt an der Seitenlinie trennen. Für die Knieeinsätze teilst du anschließend das vordere Hosenbein an den beiden Knie-Teilungslinien.

Das Abtrennen des Latzes bei der Latzhose (Seite 51) oder der Passe bei der Pumphose (Seite 19) funktioniert übrigens genauso. Verwende einfach die Teilungslinien „Latz-Teilungslinie“ und „Hüftpassen-Teilungslinie“.

Der Tascheneingriff der Hüftpassentasche wird ersatzlos weggeschnitten, da hier später der Taschenbeutel angenäht wird. Verwende diese Tasche nicht an einer Variante der Casual Pants mit kurzer Länge – der Taschenbeutel könnte unten aus der Hose herausschauen.

TIPP Beachte, dass du an allen abgetrennten Kanten eine Nahtzugabe hinzufügen musst!

Der fröhliche Bio-Blumenprint „Kasumi Kirschblüten“ ist eine Eigenproduktion aus dem stoffbüro nach meinem Design.

SÜSSER JUMPSUIT

FÜR MÄDCHEN

Dieser luftig leichte Einteiler ist ein absolutes Sommer-Must-have! Mit seinen zwei gleichen Schnittteilen ist er schnell genäht – und hat sogar praktische Seitennahttaschen.

MATERIAL

- 80 cm Jersey
- 150 cm weiches Hoodie-Band

WERKZEUG

- Sicherheitsnadel

ZUSCHNITT

- ***Easy Pants 1/Einteiler, Vorderteil,*** Knickerbockerlänge, Jumpsuit-Schnittlinie und angeschnittene Seitennahttaschen verwenden: 2× im Stoffbruch aus Jersey zuschneiden
- ***Jerseystreifen*** zum Versäubern: 2 Streifen à 40 × 4 cm

Vergiss nicht, eine Saumzugabe und eine Zugabe für den Tunnel am Ausschnitt hinzuzufügen! Die Armausschnittkanten benötigen keine Nahtzugabe, da sie eingefasst werden.

TIPP Durch die Bindebänder und die variable ¾-Länge wächst diese Hose bis zum nächsten Sommer locker mit – vielleicht sogar noch länger, wenn du den Schritt, wie im Exkurs auf Seite 29 beschrieben, vertiefst.

SO GEHT'S

1.

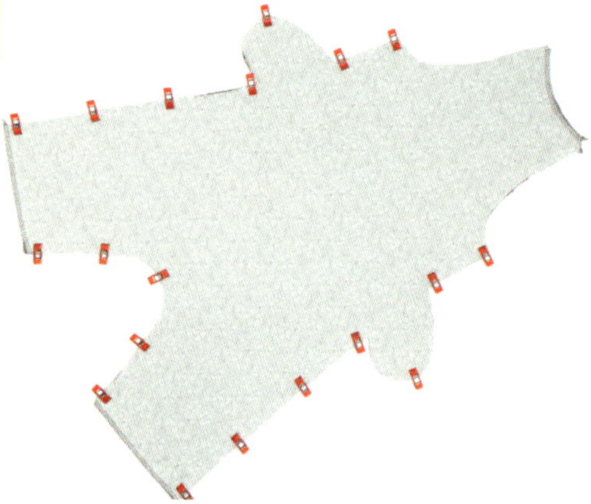

3.

2.

4.

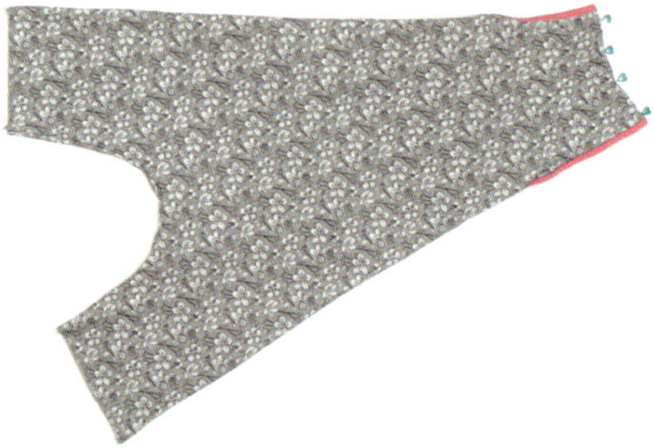

1 Stecke und nähe die Schnittteile rechts auf rechts aufeinander. Nähe die Seiten mit einem elastischen Stich deiner Nähmaschine zusammen. Halte dafür jeweils an den Taschenübergängen an, versenke die Nadel im Stoff, drehe die Schnittteile und nähe anschließend weiter. Wenn du den Jumpsuit ohne Taschen nähst, kannst du die Seitennähte auch mit der Overlockmaschine zusammennähen. Nähe die Schnittteile im Schritt mit einem Versäuberungsstich zusammen.

2 Die Armausschnittkante wird mit einem Jerseystreifen eingefasst: Stecke den Streifen rechts auf rechts leicht gedehnt an der Kante fest und nähe ihn mit einem elastischen Stich fest. Setze die Naht dabei höchstens 1 cm (¼ der Streifenbreite) von der Kante entfernt an. Schneide das überstehende Ende des Streifens ab.

3 Falte den Einfassstreifen über die Kante zur linken Stoffseite hin. Stecke den Streifen fest und nähe ihn von rechts mit einem elastischen Stich knappkantig fest, ohne ihn vorher einzuschlagen. Dadurch erwischst du alle Schichten des Streifens und es liegen weniger Lagen übereinander. Schneide den überstehenden Stoff nahe der Naht ab. Arbeite die andere Armausschnittkante genauso.

4 Um oben am Halsausschnitt den Tunnel für das Bindeband zu nähen, schlägst du die Kante um die von dir hinzugefügte Zugabe zur linken Seite hin um und bügelst die Faltkante. Nähe den Tunnel auf Höhe der Zugabe mit einem elastischen Stich fest. Ein elastischer Zierstich kommt hier besonders schön zur Geltung. Der hintere Teil des Ausschnitts wird darauf auf dieselbe Art gearbeitet.

5.

6.

5 Der Gummizug-Saum am Bein wird wie auf Seite 17 gearbeitet: Schlage den Saum zur linken Seite hin um und nähe ihn mit einem elastischen Stich fest. Lasse eine Einzugsöffnung für das Gummiband frei. Ziehe das Gummiband mithilfe einer Sicherheitsnadel durch den Tunnel. Nähe das Gummiband zum Ring zusammen und schließe die Einzugsöffnung. Arbeite das andere Bein genauso.

6 Am Ende halbierst du das Hoodie-Band und sicherst alle Enden durch einen Knoten. Ziehe das Band mithilfe einer Sicherheitsnadel durch den Tunnel am Ausschnitt und fixiere es in der Mitte weitestgehend unsichtbar mit einem kleinen Handstich, so verrutscht es nicht. Fixiere es für die ganz Kleinen lieber doppelt sorgfältig. Arbeite das andere Band genauso. Die beiden Bänder werden auf der Schulter mit einer Schleife geschlossen.

NÄH-GLOSSAR

BRUCHKANTE

Symmetrische Zuschnitte werden oft im Bruch zugeschnitten. Dafür wird der Stoff zuvor meist parallel zum Fadenlauf gefaltet. An der entstandenen Bruchkante (auch Stoffbruch oder Bruch) wird das jeweilige Schnittteil aufgelegt und in doppelter Lage ausgeschnitten.

CASUAL PANTS

„Casual Pants" bezeichnet den Jogginghosen-Grundschnitt aus diesem Buch. Die Basis-Anleitung für alle Hosen nach diesem Grundschnitt findest du auf Seite 15. Folgende Modelle werden nach diesem Grundschnitt gearbeitet: Seite 15, 23, 31, 39, 47 und 55.

EASY PANTS

„Easy Pants" bezeichnet den sehr einfach zu nähenden Hosen-Grundschnitt aus diesem Buch. Die Schnittteile namens „Easy Pants 1/Einteiler" benötigst du für die Hosen auf Seite 11, 27, 51 und 59. Die Hosen auf Seite 19, 35 und 43 werden nach den Schnitteilen „Easy Pants 2" genäht. Die Basis-Anleitung für alle Hosen nach diesem Grundschnitt findest du auf Seite 11.

FADENLAUF

Bei den meisten Schnittteilen muss wegen der unterschiedlichen Dehnbarkeit die Stoffrichtung beachtet werden. Ein Pfeil (oder eine Stoffbruchlinie) markiert den Fadenlauf. Bei Jerseystoffen verläuft der Fadenlauf senkrecht zur Maschenreihe.

GEGENGLEICH

Schnittteile, die gegengleich zugeschnitten werden, werden auf zwei rechts auf rechts liegende Stoffstücke (oder gefalteten Stoff) gelegt und zugeschnitten. So entstehen zwei gespiegelte Schnittteile, die gegengleich sind.

HINTERE MITTE

Auf dem Schnittteil eingezeichnete Mittellinie eines hinteren Schnittteils. Die hintere Mitte kann sich auch an einer Nahtlinie befinden.

JERSEY-DRUCKKNÖPFE

Verschluss aus Metall zum Vernieten mit meist beiliegendem Werkzeug oder einer speziellen Zange Die beiden Knopfteile werden durch Zusammendrücken geschlossen.

MARKIERUNGEN

Zeichen wie Striche, Punkte oder Kreuze auf einem Schnittteil. Sie sind hilfreich beim Zusammensetzen der Schnittteile und beim Platzieren von aufgesetzten Taschen oder Kniepatches.

NAHTZUGABE

Eine Nahtzugabe ist der Abstand zwischen Außenkante und eigentlicher Nahtlinie. Die Schnittteile dieses Buches enthalten keine Nahtzugabe. Füge überall 0,7 bis 1 cm oder die Breite deiner Overlocknaht hinzu.

RECHTE/LINKE STOFFSEITE

Die Vorderseite eines Stoffes wird als rechte, die Rückseite als linke Stoffseite bezeichnet. Die Vorderseite ist die Stoffseite, die später außen sichtbar ist. Wenn Stoffe „rechts auf rechts" zusammengenäht werden sollen, liegen sie jeweils mit den „schönen Seiten" aufeinander.

SAUMZUGABE

Die Saumzugabe wird an allen Kanten hinzugefügt, die später nach innen eingeklappt werden. Füge an allen Säumen eine Saumzugabe von 2 bis 3 cm hinzu. Achte bei Beinabschlüssen mit Gummiband oder Tunnelzug darauf, dass der Saum hoch genug für dein Band ist.

SCHNITTLINIEN

In der Anleitung ist immer angegeben, welche Schnittlinie du für das Modell benötigst. Alles außerhalb der Schnittlinien wird ersatzlos weggeschnitten. Lediglich eine Naht- oder Saumzugabe musst du an der Kante hinzufügen.

STOFFVERBRAUCH

Die angegebene Stoffmenge bezieht sich auf Stoffe mit einer Breite von 150 cm und ist für die Größe 98/104 angegeben. Modelle, die aus verschiedenen Stoffen der gleichen Jerseyart bestehen, sind zusammengefasst angegeben. Je nach Größe, tatsächlicher Stoffbreite und zu beachtendem Stoffmuster kann sich der Stoffverbrauch ändern.

TEILUNGSLINIEN

Alle Schnittteile mit Hüftpasse, Latz und Knieeinsatz müssen vor dem Zuschnitt geteilt werden. Schneide sie einfach an der jeweiligen Teilungslinie auseinander und füge an den neu entstandenen Kanten eine Nahtzugabe hinzu. Auch bei einer optionalen Seitennaht der „Casual Pants" wird so verfahren. Alle benötigten Teilungslinien sind in der Anleitung angegeben.

VERRIEGELN

An Anfang und Ende einer Naht werden zwei Stiche vorwärts und rückwärts genäht, um zu verhindern, dass sich die Naht wieder auftrennt. Das nennt man Verriegeln. Overlock- und Coverlock-Fadenketten werden zum Sichern übrigens innerhalb der Nahtzugabe vernäht.

VERSÄUBERN

Jersey muss nicht zwingend versäubert werden, da er nicht ausfranst. Eine versäuberte Kante rollt sich allerdings nicht ein, sodass deine Hose auch von innen ordentlich aussieht. Am besten versäubert man mit einem Zickzack- oder Overlockstich.

VERSTÜRZEN

Beim Verstürzen werden zwei Schnittteile zusammengenäht und gewendet. Die Nahtzugabe liegt dann innen zwischen den Stoffteilen. Nach dem Ausformen sollte die Kante sorgfältig gebügelt werden.

VORDERE MITTE

Auf dem Schnittteil eingezeichnete Mittellinie eines vorderen Schnittteils. Die vordere Mitte kann sich auch an einer Nahtlinie befinden.

IMPRESSUM

Bibliografische Information der Deutschen Bibliothek.

Die Deutsche Bibliothek verzeichnet diese Publikation in der Deutschen Nationalbibliografie. Detaillierte bibliografische Daten sind im Internet über http://www.dnb.de/ abrufbar.

EIN BUCH DER EDITION MICHAEL FISCHER

1. Auflage 2021

Covergestaltung: Verena Raith
Bilder: © Patrick Wittmann, München, Hendrik Wünsche (www.photowuensche.com): Seite 3, Petra Wünsche: S. 4, 5, 9, 63 und alle Schrittfotos
Schnitttechnik: Solveigh Keikavoussi, Hamburg
Redaktion und Lektorat: Heike Fröhlich, Judith Wiedemann
Layout: Michaela Zander
Satz: Mirjam Oppelt

ISBN 978-3-7459-0549-6

Gedruckt bei Polygraf Print, Čapajevova 44, 08001 Prešov, Slowakei

www.emf-verlag.de